全球化的挑戰與發展

| Globalization: Challenges and Prospects |

王高成、卓忠宏／主編

淡江大學出版中心

主編序

「國際化、資訊化及未來化」一向是淡江大學的發展主軸，國際研究學院以研究國際及兩岸事務為主，自然更以國際化為本院研究及教學的核心目標，全院共有五所一系，約 40 位專任教師，為國內研究國際事務領域最廣泛完整之學術單位。本院老師也在校內負責開設通識教育之「全球視野」學門共 39 門課，協助推動本校之國際化教育。

2017 年在學校支持與學院籌劃下出版「全球視野」之教學專書，第一本擬定為全球化議題之探討，請本院歐洲研究所卓忠宏教授負責主編，邀請本院擔任該學門的教師負責各章的撰寫。書中以近年來熱門議論的全球化及相關議題為主軸，全書共分十章，除專論全球化爭議與全球治理外，也特別分析全球化在政治、經濟、社會、文化、科技、環境各層面的影響。本書定位為各大學通識課程「全球視野」或相關學門之教材專書，一來有利統整教師上課之內容；二來方便大學部學生上課之學習依據，並可當作參加國際關係研究所考試的準備材料。未來本院亦將適時循此模式出版相關學術專書，除作為淡大「全球視野」的基礎教材，亦可推廣作為臺灣其他大學通識課程之參考書籍，培養青年學子對國際關係及兩岸事務的瞭解與關心。

本書能夠順利付梓，要特別感謝本院同仁於專書規劃過程的協助與撰寫時的高度配合。尤其全球化議題既新且廣，各篇作者在歷經寫作、

反覆修正、審查、再更新後才定稿付梓，過程份外辛苦。另外，淡江大學出版中心吳秋霞總編輯以及張瑜倫執行編輯的全力支持與協助，尤其在專書格式、文字上細心的校對，以及協助處理出版的規範，才使得專書能順利出版，在此一併表達誠摯的謝意。

淡江大學國際研究學院院長 王高成 謹序

中華民國 107 年 1 月 1 日

目次

卓忠宏

導論

"Many of the problems that the critics of globalization point to are real. Some of them relate to economics. Others relate to non-economic, but no less important, aspects of life. And while some of the problems do stem from the process of global integration, others do not."

By Stanley Fischer, May 2003

　　「全球化」是什麼？這是近年來的熱門議題。「全球化」不單單是一種現象，也是持續互動的一種過程。它反映出現今國際社會交流的複雜網絡體系。除側重因經濟導向所衍生的諸多問題外，全球化在政治、經濟、科技、文化、生態環境和社會認同等面向似乎無所不在，持續影響著大眾的生活。如全球化打破了狹隘的民族國家的觀念，超越過去對地緣政治的界限。過去大家熟知的國家與國家之間所建構起的國際關係已經被重新界定。然全球結構性的變化，經濟上是否會擴大國家內部或國家之間貧富差距，形成富者越富、貧者越貧的窘境、加劇南北半球發展不均衡的鴻溝？面對經濟的競爭，勞工的剝削、（移民及非法移民）人口流動、結構性失業等都成為國家社會面臨的新難題。文化全球化的發展是一種多元文化的展現或是對本土文化的侵蝕？以及全球化是否是造成環境傷害的原兇？

　　然而，全球化如何影響我們的生活？此種影響是好是壞？這就引起學術界正反兩極的看法。因此，本校國際研究學院結合院內師資，由一

位學者執筆負責一個全球化子題。有鑑於全球化是一個龐雜的課題，本書只集中討論比較核心的議題。全書因此規劃收錄十篇專章從不同角度切入，分別探討不同議題的全球化發展與挑戰。本書架構分為四部份：第一部份（第一章）屬於全球化爭議解釋，闡述全球化之定義與理論模式，以及解讀全球化發展關心的課題；第二部份（第二章）為研究途徑，論及全球性議題處理方式，探討國家角色的轉變以及全球治理模式分析；第三部份（第三~九章）則分別從經濟、政治、科技、文化、社會及環境等面向探討全球化對全球關連性所造成的現象及原因？分析產生何種問題與影響，並提出問題解決的途徑；最後則思考如何以全球思維解決（臺灣）在地問題。

鄭欽模教授的〈全球化發展：定義與爭議〉探討全球化的歷史發展軌跡，將全球化爭論區分為經濟全球化、政治全球化、文化全球化、社會全球化等四種模型理論。同時依照赫爾德（David Held）等人對全球化不同面向之關切衍生出不同解釋，將全球化理論劃分為三大理論區塊，也就是全球化超越論、全球化懷疑論、全球化轉型論等三大理論。作者結論從廣義和狹義兩個層面來理解全球化：狹義上的「全球化」，係指「經濟全球化」，指的是生產、貿易、投資、金融等經濟行為超越一國領土界限的大規模活動，是生產要素的全球配置與重組，是世界各國經濟高度相互依賴和融合的表現；而廣義的「全球化」，指得是「經濟全球化」所導致的各國之間在法律、社會管理體制、文化，以及最終可能在政治等領域的全面相互作用，產生全球融合的趨勢。面對種種新

型態挑戰，不同的群體、組織、國家、地區所面對的機遇與挑戰不盡相同，得益與損失自然也不一致，由是引起了新的爭端。這些爭議，都是圍繞全球化的各種發展趨勢而出現的，當中涉及利益立場與價值立場之爭，要消解並不容易，但經過認識了解，才有可能做出理智的判斷。

翁明賢教授〈全球治理的理論與實際〉從「全球治理」的角度思考如何透過國際法、和平主義、功能主義到國際建制，解決國際社會的問題。作者認為基於人類面臨安全威脅結構性的改變，分析以往對國家傳統安全威脅依舊存在，至於非傳統安全威脅，則是變本加厲，從不同面貌衝擊全球穩定。無論是這類型的非傳統安全威脅已經跨越國境、區域，已非國家憑一己之力可以解決。相對地，須就多邊方式，從國際組織層面著力，或是由「非政府組織」來扮演協助性角色。作者於結論明確指出「全球治理」並非解決全球化問題萬靈丹。目前至少面臨三個層次的挑戰：首先是「國家治理」問題，由於國際政治的基礎還是在於主權國家身份平等的前提上，任何涉及國家內部事務，都有干涉內政侵犯主權的疑慮；其次，在於「全球治理」涉及多個政府或是非政府機制的整合問題，本質上是國內問題，無法通過國際機構制定規則來加以解決。第三、資源問題。易言之，如果要將國內問題「國際化」，就必須要有不同政治與非正式的「機制」來加以協調完成。

李志強教授的〈經濟全球化〉，開宗明義介紹經濟全球化的定義，及其對全球關連性所造成的現象，並分析其形成的背後原因。文章接著

探討經濟全球化對已開發國家及開發中國家所產生的正反面影響，包括導致國際與國內貧富差距擴大的問題，最後並提出紓緩貧富差距惡化的途徑。作者指出在參與經濟全球化過程中，一國的經濟利益有得也有失，但得失通常是不同的階層或產業，因此即使得大於失，也必然有人反對全球化，尤其是經濟利益受損的階層或產業。已開發國家產業外移後，非技術的勞動階級受害最深，直接或間接導致失業率長期惡化，這使得社會大眾對工作的不安全感越來越強烈。此外，經濟全球化衍生出來的所得分配惡化等問題，各國都必須加以重視。一方面要透過強化人員培訓，提升低技術人力的技能水準，另一方面各國也要改善投資環境，提高內部投資，才能降低弱勢族群對經濟全球化所產生的疑慮，營造出和諧的社會氣氛。如果利益能夠讓社會各階層廣泛分享，經濟全球化的持續深化才能走得更廣更遠。

蔡錫勳教授的〈經濟全球化：以日本經驗為例〉，以日本經濟模式為例，探討日本在全球化發展競爭下，日本企業如何再生。作者指出在冷戰結束後，美國主導的全球化使日本陷入長期停滯，被形容為「失去的二十年」。過往日本驕傲的經濟發展模式備受質疑。「再生」成為日本最重要目標，也是各政黨的政策要點。日本企圖超越成長極限，創造先進國家希望達成之新成長模式。尤其自 2012 年 11 月中旬起，安倍首相開啟經濟學大膽的金融政策、靈活的財政政策、鼓勵民間投資等三支箭。作者指出大膽的金融政策與靈活的財政政策僅為引端，所帶來的景氣回升成效不過是短暫的，而成長戰略正是掌握安倍經濟學成功的關

鍵，成為日本創造新的成長模式的關鍵。日本產業整體呈微笑曲線化現象，儼然成為一種時代趨勢。隨著商品生產講求效率及成本控制，與亞洲新興國家共同進行著國際分工。日本企業儘管看清亞洲後起企業的仿效追隨及技術傳播速度，仍與之共同國際分工合作。

　　林立教授的〈全球化時代的國際政治〉提出「全球化時代」是「歷史終結」與「經濟人」之時代的省思。文章以漢廷頓「文明衝突論」反駁福山的「歷史終結論」，並對「歷史終結論」與「文明衝突論」提出反思與批判：一是「文明衝突論」乃是一種非哲學的傳統國際關係理論，作者認為此種思考模式是傳統國際關係學的，缺乏倫理學「規範性的」面向；二是「歷史終結論」：保守主義右派的一廂情願。認為福山所設想的世界，不符合自古以來的常態。而如果上述的某個或某些問題，有一天發展到令人難以收拾的地步，則人類勢必要調整國際的規範，例如嚴格規定並執行減碳、重塑國濟經貿規範，也必須建立一種有效「全球治理」機制，例如改造聯合國、使它更具有裁判及強制執行的功能；則這就好像在建立歐洲共同體（演變為歐洲聯盟）以前的歐洲與之後的歐洲，政治與人民生活的型態有了很大的改變。

　　陳建甫教授的〈科技發展與全球化〉介紹現今全球化過程裡常見資訊科技、生態環境科技、醫療生技等三種重要科技，以及它們對全球化可能產生的衝擊。首先、資訊科技，除了電子科技與產品，以及通訊網路外，從人工智慧、機械人與大數據的運用，讓科技智能成為下一階段科技全球化的重要象徵。其次，食品、生態、環境與能源科技不斷的創

新。但是單靠這些新科技，並不能解決全球生態環境日益惡化的問題，科技只是減緩某些國家或地區的環境汙染問題，周圍國家可能並非汙染來源國，卻可能遭受到環境的污染。這需要全球社會體認並透過集體合作，才有機會共同對抗環境惡化的問題，共同對生態環境締約已經成為保護全球生態環境重要的思想浪潮。第三透過幹細胞技術，成功地複製桃莉羊後，全球掀起一波醫療與生命技術產業的新浪潮，事實上，醫療與生技產業早隨著全球化快速地在世界各地發展。近期因 SARS 疫情的擴散，讓各國政府關注如何共同防治疫情，世界衛生組織與防疫體系的建立確保國人健康安全遂成為全球最迫切的議題。作者於結論指出科技對全球化的影響，特別是對本土技術、產業、經濟與文化社會勢必造成衝擊，除了有助社會的進步外，也加速淘汰舊有的事物，特別是對舊有文化的過時思想及社會關係。有人會憂慮科技對在地文化的宰制，但是科技也會隨著全球的脈絡，將本土有特色、創新事物，帶到世界其他地區發揚光大。

　　崔琳教授的〈文化全球化〉分別分析文化與全球化之定義與二者間的關係及文化全球化之過程，之後探討現今文化全球化之現象對當代社會之影響。作者認為在全球化過程中整體互動、整合的脈絡下，文化全球化的浪潮如火如荼的在各地擴散開來。文化全球化打破具體地理空間、模糊國與國間的邊界，並把各國文化透過大眾傳播、跨國企業擴張、國際移民活動及跨國文化商品的流通等途徑 結到本土文化中，改變了在地文化內涵。然而這並非單純的意味著同質性的單一全球文化的

形成，相對地，文化全球化激發出一種同 並存的邏輯。一方面，各在地文化朝同質化及普遍化的方向發展；另一方面，在文化全球化的過程中，也產生「 質化」的發展趨勢。因此，全球文化在地化的同時，在地文化的全球化也正在發生，在地特殊性透過全球社會跨時空的 結擴張，轉變成全球化內涵一的部分。

黃富娟教授的〈社會全球化：經濟社會的多面向重構〉指出，全球化對於人類社會生活影響至深的，當屬經濟生活領域的解除管制與私有化。作者分別就業形態變遷與勞動市場彈性化、全球性社會不平等與貧窮，以及全球化誘發的經濟型人類遷移，說明全球化對於人類社會生活的影響。作者將全球化對於勞動市場與就業形態的衝擊，歸納為四項特徵：全球化促成已開發國家產業外移，結構性失業成為常態。反之，開發中國家則出現不穩定性工作激增的現象；「就業創造」從「製造業」轉向「服務業」；雙元勞動市場的趨勢，逐漸形成高薪的金融與資訊科技產業以及低薪服務業這種兩極職業分化的趨勢，部分國家更出現中間技術工作消失的隱憂；第四，勞動市場彈性化，造成「非正式就業」興起，也衝擊就業安全。其次，對於經濟全球化帶來的社會分配不均之惡化，作者認為國家在回應此一挑戰上，應試圖在「社會重分配」與「維持機會結構的開放性」中取得平衡。最後，作者指出全球化促成的人類遷移受到多重「推力」與「拉力」的影響，形成人類近代史上具規模的跨洲際人口遷移行動，但無可避免也產生「文化融合」與「社會排除」等現象。

　　苑倚曼教授的〈環境全球化〉解釋生態圈的污染現象，並指出恢復生態圈的努力卻無法透過個人或是單一國家社會所達成。保護生態圈的均衡也並不是單純的保護自然景觀而已，必須先了解個別生態系統的運行和地球生態圈運作方式，然後界定出哪些人類活動對於現在以及未來的生態系統會造成何種影響，再來採取集體聯合的修正及補救措施。而所謂的修正及補救措施，涉及到科學界的研究努力，以求更加了解關於地球生態圈的知識，也涉及到個人層面對環境保護的意識與決定付出的努力與成本，最後，在國家政府層級，涉及到跨國甚至是全球性的集體行動。作者從聯合國、歐盟、非政府組織由上而下、由下而上相互配合作為分析基礎。由「聯合國氣候變化綱要公約」開始，歷經「京都議定書」到「巴黎協定」所打造的國際環境法雛型，不僅僅是生態上的全球化解決方案，更是經濟上和人類社會上的一項重大挑戰。歐盟在區域以永續發展為主軸的共同環境政策，並協助貧困不利的區域提供兼顧經濟發展及保護生態圈均衡的行動，加上全球各地的非政府組織，透過跨國集體的合作，讓全球、區域、國家、都市、團體和個人之間都能在跨國界無時差的新一波網路全球化中，獲得改變人類自工業革命以來的經濟模式，回復地球生態圈均衡的契機。

　　陳建甫教授的〈黯黑全球化：反全球化運動與在地化抗爭〉總結整理了歷年來反對全球化的社會運動，包括最負盛名的 1999 年西雅圖示威運動，以及早在 1988 年台灣農民就曾擔憂農業開放可能導致農民權利受損所發起的 520 農民運動。從 GATT 到 WTO，台灣政府積極與各

國簽訂經貿條約，自由貿易或新自由主義的思潮，逐漸成為以外貿出口導向台灣的社會主流民意，但是，當一致推崇自由貿易時，在台灣內部與全球其他社會角落裡，卻經常出現各種對全球化的反撲。2016 年英國決定脫離歐盟，對於這個素以政治全球化典範自居的歐盟，無疑提出另一個震撼彈。此外，台灣民眾不太情願與中國簽訂「海峽兩岸經濟合作架構協議」與反對簽訂服貿協定，卻很弔詭地擁抱美國主導的 TPP。作者最後以布蘭科米拉諾維奇（BrankoMilanovic）《全球不平等：全球化時代的一種新方法》一書為出發點，認為國家內部的不平等雖有逐漸上升的態勢，但國與國之間的不平等卻下降了，因此並沒有全球化會使全球不平等上升的實質證據。如果說全球化正在使世界變得更加平等，讓大多數國家內部，特別是高收入國家，不平等程度更加劇時，是否應將全球化看成一種有益全球發展的趨勢。

以上十章係各專章作者依照自身研究專長與教學領域在全球化發展中擇要擷取相關議題與政策發展。期望由不同角度、不同途徑切入，藉由國際研究學院同仁集思廣益，忠實反映全球化帶給我們的影響與解決途徑。

1

Chapter 鄭欽模

全球化發展：定義與爭議

一　前言

「全球化已經成了我們這個時代最重要的政治、經濟、文化……現象。」[1]

全球化是一個廣泛使用卻不太嚴謹的詞彙，從 21 世紀末全球化這個概念開始受到廣泛的關注，甚至有人稱其為「流行用語」（buzzword），[2]全球化主要用在描述晚近國際經濟、社會、政治等面向的快速整合過程。而這種大範圍的整合使得人們可以進行全球性的溝通互動、旅遊、投資等，企業也得以將其產品行銷到全世界，而資金、人力及原料的取得更有效率，先進的科技及經濟發展效益也更容易擴及全世界。然而有人因全球化獲致經濟上的利益，卻也有人生活難以為繼，許多在地文化因此受到衝擊，某些區域的環境甚至遭受致命的傷害。[3]

全球化的主要驅動力之一乃是科技的迅速發展使得人跟人的距離不斷地被拉近。越來越頻繁的人際互動所產生的問題與爭議已經超過各國政府所能處理的範疇。本文將解釋這些問題，聚焦在全球經濟、文化議題、環境問題及國家安全等。而這些爭論點就是全球化概念的核心。他

1　William H. Mott IV, *Globalization: People, Perspectives, and Progress* (Westport, CT: Praeger, 2004), p. 1.

2　Justin Ervin and Zachary A. Smith, *Globalization: A Reference Handbook* (Santa Barbara, CA.: ABC-Clio, 2008), p. 1.

3　Gary J. Wells, Robert Shuey, and Ray Kiely eds., *Globalization* (New York: Novinka Books, 2001), p. 1.

們也代表著人性的困境有許多問題可以證實全球議題的重要性。國家如何透過法律來規範海外的經濟活動？各國文化如何面對全球經濟的衝擊以及外國對他們社會上各種文化象徵、意象及規範的印象等。各國如何處理國際環境議題。各國如何在擁有先進武器捍衛國家安全時而不會威脅到其他國家。這些都是在全球化進程所衍生的議題。[4]

　　關於全球化現象的歷史背景，德國國際法學者馬蘭祖克（Peter Malanczuk）認為全球化主要是指 1970 年代末期以來全球經濟領域的一系列深遠變化。數千年來，人們的跨邊界貨物貿易，以及殖民時代歐洲不斷擴張與世界其他地區的貿易關係，在某種意義上可被視為國際經濟關係朝著全球的方向發展。近代全球化的早期階段，或可追溯至鑿通蘇伊士運河和 1869 年聯合太平洋鐵路的竣工。第一次世界大戰之後，各國逐漸恢復貿易保護主義並限制資本流動。在那之後世界經歷了 1930 年代的全球大蕭條災難。一直到第二次世界大戰之後，隨著布雷頓森林體系（Brentton Woods System）的建立，並在1970 年代初期開始廢除固定匯率制和對資本流通的管制，而後世界主要國家在關稅暨貿易總協定／世界貿易組織（GATT/ WTO）[5]框架內對貿易進行的多次革新談判，

4　Justin Ervin and Zachary A. Smith eds., *Globalization: A Reference Handbook*, p. xv.

5　關稅及貿易總協定是一個規範關稅和貿易準則的多邊國際協定和組織，成立於 1947 年，其宗旨在降低關稅，減少貿易壁壘，總部設在瑞士日內瓦。關貿總協定從 1947 年至 1994 年一共舉行了 8 回合的多邊貿易談判，前 7 回合的談判中達成關稅減讓的商品就近 10 萬種。1993 年 12 月 15 日，第 8 回合（又稱烏拉圭回合）談判取得更為重大的進展，各國代表批准了一份「最後文件」。文件規定將建立世界貿易組織，取代目前的關貿總協定。1995 年 12 月 12 日，關貿總協定 128 個締約國在日內瓦舉行最後一次會議，宣告關貿總協定的歷史使命完結。根據烏拉圭回合多邊貿易談判達成的協議，從 1996 年 1 月 1 日起，由世界貿易組織（World Trade Organization, WTO）取代關貿總協定，我國亦為世界貿易組織的會員國。

全球化才得以重現。[6]1990 年代初冷戰的結束，更使全球化進程一日千里。[7]

　　從整個人類互動的關係來探討全球化的歷史發展軌跡，全球化的進程可大致區分為五個階段：[8]

1. 史前時期（約西元前 10000 年至 3500 年）：距今約 12,000 年前，當少數游牧民族遷徙至南美洲最南端的地方，他們的行動象徵人類真正地散布於全球五大洲。然而這時期的全球化，因受制於人類文明尚未發達，所以彼此的互動仍十分有限。

2. 帝國時期（約西元前 3500 年至 1500 年）：此乃帝國時期，其中較重要的帝國有埃及、羅馬、印度、鄂圖曼、中國。這段時期的各個帝國，都或多或少地有較長距離的國際往來，彼此有文化技術交流及貿易往返，甚至會傳播疾病。其中較明顯的例子，包括有連接中國與羅馬帝國之間的絲綢之路、據傳馬可波羅由義大利東遊至中國、明朝前期鄭和航海至印度洋等。這些貿易關係，同時也帶動了頻繁的移民潮和文化交流。

3. 殖民主義時期（約西元 1500 年至 1750 年）：在這兩個多世紀之間，以歐洲為中心的社會活動成為全球化的主要動力，大大促進了歐洲、美洲和非洲之間，在人口、文化、經濟和資源方面的交流。其中西班

6　Justin Ervin and Zachary A. Smith, *Globalization: A Reference Handbook*, p. 20.

7　錢戈平、黃瑤，「論全球化進程與國際組織的互動關系」，《法學評論》，第 2 期（2002），頁 5。

8　"Concept List – Globalization", http://www.cuhk.edu.hk/hkiaps/pprc/LS/globalization/7_conceptlist.htm#711; Justin Ervin and Zachary A. Smith, *Globalization: A Reference Handbook*, pp. 7-21.

牙、葡萄牙、荷蘭、法國、英國等歐洲國家，都投入大量資金以開發「新世界」，並建立洲際經濟活動。這個時期也是殖民主義的時期。至 17 世紀初，荷蘭和英國都成立了東印度公司等企業，以管理這些洲際經濟活動。

4. 現代時期（約西元 1750 年至 1970 年）：到了 19 世紀末，澳洲和其他太平洋群島，都逐漸被納入以歐洲為主導的洲際網絡之中，各地的政治、經濟及文化交流活動相當頻繁。這時期的全球化，可說到達一個新的高峰。其中的重要指標，包括出現全球性品牌（例如可口可樂）、電報的發明以及在 1866 年出現的橫渡太平洋電報、在 20 世紀大量流通的大眾傳播媒體，如報紙、雜誌、電影、電視等。第一次世界大戰前夕，商品貿易的總量高達工業國生產總值的 12%，並且一直到 1970 年代才再次產生這樣高的產值。第二次世界大戰和隨後而來的冷戰，使全球化陷入低潮期。這是因為長達 40 年的冷戰，導致全球分裂為兩大陣營。在這個時期，以美國為首的資本主義陣營，與以蘇聯為首的社會主義陣營互相敵對，彼此的交流較以往大為減少。

5. 當代（由 1970 年代以後）：這是全球化的另一次加速時期，而它的動能則是來自國際社會的一連串政治變革，其中包括英國和美國於 1980 年代初以「自由市場」為目標的一系列改革、中國在 1978 年以後的改革開放政策、蘇聯及東歐社會主義國家政權在 1980 年代末期以後逐步瓦解。這時期的全球化發展，也有賴跨國企業的擴張和數碼通訊科技的進步。

　　由上述全球化的歷史發展可見，全球化的進程並非不可逆轉。全球

化的推動力量，基本上是由經濟發展和技術進步所引發；可是全球化的速度快慢和發展方向，很大程度是受制於政治和文化。雖然當代全球化的發展速度很快，但在 19 世紀以後，兩次世界大戰令全球化的進程大大減慢，這都是由於國際間的政治角力和文化上的意識型態分歧所致。而從現代至當代的轉變階段，亦可發現私營企業逐漸代替民族國家，成為推動全球化的主要動力。然而無論如何，相對穩定的國際政治環境和對異見文化價值的包容，仍是推動全球化發展的先決條件。

另外也有學者持另外一種看法的歷史分期，指出全球化的開始應該上溯到 1492 年。在那一年，哥倫布遠航至美洲，使東半球和西半球的居民知道了彼此的存在，使人類知道了自己確實是同住在一個不可分割的圓球上。這當然是全球化進程的起點。從此以後，全人類各部分的交往越來越頻繁，越來越密切（當然也少不了激烈的衝突和競爭）。但是，無論如何，這種交往大體上是以國家和民族為主體來進行的。全球化的現象不時隱隱出現，例如科學和技術的傳播，宗教和文化的交流，尤其是世界市場的逐步形成等等。在哥倫布發現新大陸 500 年之後的 1992 年，人們才感覺到出現了一種全球性的力量在裹脅著各個國家、各個地區、各個民族、各個集團，以至於無數的人進入了一個洶湧澎湃的大潮流。這種情況使我們聯想到了兩千年前亞里斯多德說的「全體大於部分的總和」這句話的意義，也使我們不得不使用「全球化」來形容世界正在進入的一個新時代。[9]

---

[9]　李慎之，「全球化：21 世紀的大趨勢」，《科技報導》，第 6 期（1993），頁 3。

　　至於全球化的特質，雖然各界目前仍未能為全球化下一個共同界定，但概略而言，全球化屬於一個社會過程，它的特色是地域阻隔對各種政治、文化、經濟、社會活動的限制不斷減退，讓一般人都因此而能夠參與更多跨地域的活動。而以上的概括界定，有助了解全球化的三項重要特點：[10]

1. 全球化的過程克服了地域阻隔，從而將原本僅局限於本土和國內的個人生活、社會關係，以至社會制度，可以轉向跨地域及全球性發展。
2. 全球化是多面向的，包括經濟、政治、社會及文化層面。
3. 全球化不僅是社會上客觀的制度和物質層面的改變，也涉及個人對全球意識的認知及覺醒。

　　全球化這個概念，經常也用於描述「全球」與「在地／本土」（local）之間越趨緊密的連結。就表層的意思而言，它是指越來越多的政治、經濟、文化活動，將全球不同地方扣連起來；而再進深一層，則是指各地在全球化的過程中都會出現本土特色，所以在全球化當中也有本土化的過程，故又有「全球在地化」（glocalization）這個詞彙的出現。「全球在地化」的概念是指本土對國際化的各種面向的反應。[11]由此可見，全球化常常與本土化分不開，兩者並非對立，反而是雙方互補。然而在探討全球化時，並非指所有的社會活動都必然朝著全球化的方向發展；在全球聯繫增加的同時，本土化的程度也可以相對提高。當

10　"Concept List – Globalization", http://www.cuhk.edu.hk/hkiaps/pprc/LS/globalization/7_conceptlist.htm#711
11　Yanik, Celalettin, "Glocalisation: Interconnection of locals/Kuyerellesme: Yerelliklerin Birbirine Baglanmasi," *Civilacademy Journal of Social Sciences*, Vol. 6, Issue 1 (Spring, 2008): 109-120.

中在文化與經濟層面都能看出全球化與本土化乃是同步發展。另外從全球化改變個人思想層面而言，也可看到全球化與本土化的關係。當大家對全球聯繫的認知不斷增加，並且付諸行動時，那麼全球化所牽涉的就不僅是大規模的活動（例如跨國企業併購活動和大型國際政治論壇），也涉及一般人對本土社會生活的反思。而這方面的本土化，主要體現於各地的政治議題和社會改革，常常會同時交織著本土價值和全球標準。[12]

時至今日，雖然全球化業已成為世人耳熟能詳的名詞，但一個被普遍接受且具有確切內涵的全球化概念目前則仍付之闕如。全球化很難說是某一個領域或學科的專有名稱，把它視為一個跨學科的多方位的概念更為適宜。全球化此一專有名詞的由來，或可以追溯到 1943 年。而該詞成為一個「流行用語」則是在 1972 年之後了。不過，這些早期的稱謂都是發生在布雷頓森林體系的崩潰和新的全球通信技術發展之前。現代意義的全球化概念應當出現於 1970 年代末期和 1980 年代早期，因為作為全球化先決條件的宏觀經濟[13]與資通科技的發展，其才得以確立。[14]

12　"Concept List – Globalization", http://www.cuhk.edu.hk/hkiaps/pprc/LS/globalization/7_conceptlist.htm#711
13　指布雷頓森林體系的崩潰，尤其指轉用浮動匯率制。
14　錢戈平、黃瑤，「論全球化進程與國際組織的互動關系」，頁 3。

二　什麼是全球化

一　全球化的定義

　　全球化指的是那些對人類社會有重大影響的改變，這些改變對每個人的影響並不相同。全球化的過程並非意指一種普遍趨同的過程。從時空的角度而言，全球化乃是世界「逐漸縮小」（shrinking），全球化亦指人類互動的「密切性」（thickness）及其對地球本身的影響。[15]

　　至於「全球化」一詞，人們嘗試著從不同的觀點對它進行界定。有學者認為「全球化是沒有時間和空間區別的互相依存」；「全球化是時間與空間的壓縮以及經濟與社會關係的普遍化」。而國際貨幣基金組織對「全球化」所下的定義為：「全球化是跨國商品與服務交易及國際資本流動規模和形式的增加，以及技術的廣泛迅速傳播使世界各國經濟的相互倚賴性增強。」德國教授德爾布魯克（Jost Delbruck）則認為：「全球化是市場、法律和政治的非國家化（denationalization）進程，它為了共同的利益而將各民族和個人聯結在一起。」有學者認為該定義是目前最好的全球化定義之一。其特色之一乃是點出了全球化所涉及的是相關活動的「非國家（內）化」，而諸如立法和管理市場機制的相關活動，以前一直被認為是國家的專有領域，全球化因此而有別於「國際化」。該定義的第二個顯著特徵，則是對全人類「共同利益」的認同。

15　Justin Ervin and Zachary A. Smith, *Globalization: A Reference Handbook*, p. 2.

早期的民族國家體系不能想像有超越一國的全人類「共同利益」的存在，這種利益是由不同的、有時是衝突的國家利益相互作用而產生。據此，全球化試圖超越這些單獨的國家利益以確認國際社會的共同利益。因此創立了一個能使不同觀點兼容並蓄的全球「公共空間」。**16**

關於全球化現象的定義，人們則從不同的角度進行了不同的表述。一般而言經濟學者多針對世界各國在生產、分配、消費等經濟活動的整合趨勢，主要表現在生產、貿易、投資、金融等領域的跨國自由流通，或指生產要素的全球配置與重組，及世界各國經濟高度相互依賴和整合的表現。而政治學者往往指的是民族國家世界體系的最後形成及世界新格局的戰略體現等。文化學者多指不同文化區域間的相互滲透與融合，不同文明的全球整合和知識體系的全球傳播，或指人類利用高科技克服自然界造成的客觀限制，因而進行的全球資訊傳遞和交流。社會學家和未來學者更關注的則是全球性問題，認為全球化是生產力和社會關係在時間與空間象限上的全球擴散。**17**

由於「全球化」一詞的定義多得使人眼花撩亂，學者對它的定義常有不同的用法與理解。如中國學者楊雪冬從資訊通訊、經濟、全球性問題、體制、制度、文化、社會過程等七角度的定義中，綜合出較為完整的定義；然而事實上，他並沒有歸納出一個具體的定義，而依舊得分成六點來說明：

---

16 錢戈平、黃瑤，「論全球化進程與國際組織的互動關系」，頁 4。
17 倪世雄、蔡翠紅，「西方全球化新論探索」，《國際觀察》，第 3 期（2001），頁 30。

1. 全球化是一個多向度過程。

2. 全球化在理論上創造著一個單一的世界。

3. 全球化是統一和多樣並存的過程。

4. 現在的全球化是一個不平衡發展過程。

5. 全球化是一個衝突的過程。

6. 全球化是一個觀念更新和範式（paradigm）轉變的過程。[18]

　　晚近西方學界也嘗試著從較具體而廣泛的面向來定義全球化現象，也因此讓我們對全球化的各種現象有比較清楚的認知，其中學者 Robert Shuey 歸納四個全球化的定義如下：[19]

1. 被地理上和（或）國界上區隔的人們在政治、經濟、文化活動上的整合（並非是一種新的且不可抵抗的現象也非指涉某種政策選項）。

2. 隨著全球互動網絡及各洲之間的互賴狀態所造的全球相互依賴論的大增，……而此一現象乃是透過資金、貨物、訊息、創意、人力資源等的流通與影響，加上環境及生態上的重大影響。

3. 快速的國際經濟整合運動，以及對於政治上的價值、進程與原則，加上資訊通訊科技革命。

4. 基於無法遏止的市場、民族國家與科技整合所造成的當代國際體系。

　　為了更清楚地描繪全球的面貌，使其目前人類的普遍認知可以連結，西方學者史考爾特（Jan A. Scholte）將全球化區分為五種基本類

---

18 莊慶信，「基督宗教倫理對全球化趨勢的回應」，《輔仁宗教研究》，第 17 期（2008），頁 35。

19 Robert Shuey, Globalization: Implications to U.S. National Security, in Gary J. Wells, Robert Shuey and Ray Kiely eds., *Globalization*, New York: Novinka Books, 2001, p. 38.

型[20]：

1. 全球化即國際化（指跨國界及相依關係）。
2. 全球化即自由化（指全球經濟走向「開放的」一體化）。
3. 全球化即世界化（指傳播至世界各角落的過程）。
4. 全球化即西化或現代化或美國化〔指將西方的資本主義、理性主義、麥當勞、好萊塢、有線新聞網（CNN）等東西擴展到全世界〕。
5. 全球化即去地域性（deterritoriality）超地域性（supraterritoriality）（指將全球原來疆界解構）。

　　針對全球化現象之定義中較著名的尚有學者貝克（U. Beck）：「全球化是距離的消失，被捲入經常是非人所願、未被理解的生活形式。」學者紀登斯（A. Giddens）認為「全球化指涉的是空間與時間（概念）的轉變，是一種對遠方（或接受遠方）的效應。」此外，學者羅伯斯坦（W. Robertson）指出「全球化是一種概念，指的不但是世界的壓縮也是世界為一整體意識的密集化。」學者威丁（P. Wilding）和喬治（V. George）從知識、科技及決策的角度界定「全球化經由知識與科技的進步，以及政治事件與決策，而帶來的時間與空間的壓縮，促使世界日漸相互關連。」斯威奇（P. M. Sweezy）則認為「全球化是一種過程，不是一種情境或現象。」而瓦特士（M. Waters）強調「全球化是一種社會過程，其中地理對社會和文化安排的束縛降低，而人們也逐

20　莊慶信，「基督宗教倫理對全球化趨勢的回應」，頁 35-36。

漸意識到這種束縛正在降低。」[21]

㊁　全球化的爭議

　　全球化是一個充滿爭議的詞彙，泛指人類越來越頻繁的跨國界互動與交流。有人認為全球化是評估人類文明的重要概念。也有人相信在複雜的人類社會，全球化只是很模糊而無法提供清楚定義的詞藻。由於全球事務的複雜性，雙方面都有充分的理由支撐它們的說法。[22]由於對全球化理解的不同，不同立場的學者之間，基於對「全球化」概念的差異，形成了極其懸殊的全球化理論爭議。除了有學者將既有的理論區分為經濟全球化、政治全球化、文化全球化、社會全球化等四種模型理論之外，赫爾德（David Held）等人依照三種對全球化理解的三大不同立場，將全球化理論劃分為三大理論區塊，也就是全球化超越論（Hyperglobalist Thesis）、全球化懷疑論（Skeptical Thesis）、全球化轉型論（Transformationalist Thesis）等三大理論（詳見表1）。[23]

21　James Hou（2007），全球化定義，http://staffweb.ncnu.edu.tw/hdcheng/myclass/GlobeLect ures/01

22　Justin Ervin and Zachary A. Smith, *Globalization: A Reference Handbook*, p. xv.

23　莊慶信，「基督宗教倫理對全球化趨勢的回應」，頁36。

表 1　三種立場的全球化理論對照表

	超 越 論	懷 疑 論	轉 型 論
經濟全球化	全球資本主義； 麥當勞類的多國企業； ×全球經濟一體化； 新自由主義者有超越國家權力的個人自主權與市場經濟原則。	貿易及區域集團統治能力低； 世界三大經濟區域集團：歐洲、亞太、北美經濟區支配世界經濟； 形成新經濟帝國主義的型態； 國家走向高度國際化經濟不等於完全全球化經濟。	×史無前例的經濟轉型過程； 一股引發經濟、社會改變的力量； 國家經濟結構不契合疆界。
政治全球化	經濟全球化加速「去國家化」； ×民族國家終結說； 新權威型態可能屬於公私機構； 全球管理、全球公民社會； ×預期全球理想的政府。	×什麼也沒改變，只是某種迷思； 國家角色、權力更強大； 南方國家利益漸邊緣化。	鼓勵政府擴大協調範圍； 權威分散於地方、國家、區域、全球層級的公私機構； 國家權力與世界政治轉型與重新調整。
文化全球化	消費者保護主義的意識取代傳統文化； 全球化成為全球文明的象徵。	區域集團與本地文化衝突； ×以在地化對抗全球化。	×史無前例的文化轉型過程。

註：×表示與事實不符或有所偏差。
資料來源：莊慶信，〈基督宗教倫理對全球化趨勢的回應〉，《輔仁宗教研究》，第 17 期（2008），頁 36。

　　至於社會輿論對全球化的爭議，則集中於「全球化對人類帶來的影響究竟是好是壞」這項議題，當中大致可分為支持全球化和反對全球化這兩大觀點（詳見表 2）：[24]

24　"Concept List – Globalization", http://www.cuhk.edu.hk/hkiaps/pprc/LS/globalization/7_conceptlist.htm#711

1. 支持全球化的觀點，一般較受到全球化的獲益者所接納，他們的基本論點就是全球化利多於弊。當中的支持者包括跨國企業、國際組織、金融界，以及擁護自由經濟政策的人士。

2. 反對全球化的觀點，一般較受到全球化的受害者所支持，他們的基本論點是全球化弊多於利。當中支持者包括工會、社會運動團體（例如關注人權和環境保護的團體）等。

　　而上述兩者的常見爭議，就是全球化會否為世界各國帶來經濟增長。支持全球化的觀點，指出各國都能透過參與全球化而取得經濟成長，而開放貿易的國家比封閉貿易的國家，經濟成長將會更快。與之相反地，反全球化的觀點，則針對經濟全球化的利益分配較傾向於對大企業有利，各地的工人和中下階層則受損較多。反全球化的觀點更指出，全球經濟整合會為各國帶來較大的經濟波動和金融市場潛在危機。總括而言，「全球化」是頗具爭議的概念及現象，不同的視角可以帶出全球化的不同面向。如果要對「全球化」有更全面的了解，就要在不同的視點中取長補短。

　　從當今全球化的發展實例，以及當中的推動與反抗力量的折衝，可以清楚看出全球化的複雜性。全球化固然是一個不可逆的大趨勢，但不同群體、組織、國家投入全球化的步伐並不一致，所面對的得益和損失亦不盡相同，以下是全球化之中所見的爭議和衝突之處：[25]

25　全球化六大課題，http://www.cuhk.edu.hk/hkiaps/pprc/LS/globalization/1_c.htm

1. 南北衝突：以已開發國家為主的所謂「北方國家」（即北半球），與以落後國家為主的所謂「南方國家」（即南半球）形成矛盾。由於發展程度的差異，已開發國家一般而言較能在全球化中取得較多的經濟利益，而落後國家的經濟卻往往停滯不前。全球化日益顯著與南北貧富差距日增兩者同時發生，「南方」國家自然對全球化存有疑慮。南北分歧自然成為全球化的一大爭端。

2. 階級衝突：資本家明顯與工人的利益立場不同，成為全球化中的一大爭端。在全球化中，資本家既可以把工廠搬到成本較低的地區進行，又可以把產品和服務推銷到世界各地，還有全球性集資和投資機會，自然是全球化的一大得益者。相反地，工人在全球化當中明顯處於弱勢。已開發國家的工人面對企業將工序外移，議價能力大減；開發中國家的工人，更談不上有任何議價能力。資本家與工人的利益衝突，在全球化之中只會加劇，難以消融。

3. 文化衝突：西方國家主導文化全球化，造成各地的本土文化受到衝擊，是全球化中另一個重要衝突面。西方國家一方面擁有龐大的跨國企業，一方面在傳播媒介有壓倒性優勢，協助西方文化以不同形式傳播到各地（特別是美國文化），使世界各地的本土傳統價值大受衝擊。特別是穆斯林文化當中的「基本教義派」所引發的反西方運動，更演變成武力衝突，其尖銳程度，比「南北衝突」和「階級衝突」甚至有過之而無不及。

表 2　關於全球化影響的正反觀點

	正	反
1. 全球化帶動經濟增長	市場開放的國家，一般較市場封閉的國家經濟增長率較高。	全球化所帶來的經濟增長，只對大企業有利，人民難於受惠。
2. 全球化有利消費者	開放市場有利於商品和服務的自由流通，降低成本並提升效率。	全球化擴大貧富差距，貧者愈貧而富者愈富，對低收入消費者尤其不利。
3. 全球化惠及工人	全球的市場開放意味經濟快速增長，增加就業，提高工資，改善工作環境。一般來說，外資公司都比本地公司有較好的待遇	全球化著眼於利潤，結果是壓低工資，裁減職位，剝削工人權益。
4. 全球化有助環境保育	全球化帶來的經濟增長，可提供更多的資源去保育環境，又可發展和研究更好的環保技術和設備。	全球化破壞生態系統，只顧企業盈利，不顧對環境造成破壞。全球氣溫上升就是一個例子。
5. 全球化促進落後國家發展	開放市場與外來投資是落後國家發展經濟的最有效途徑，有助工業化，提升生活水平，改善工作環境。	國際金融系統的借貸與援助條款，令發展中國家難以脫債，破壞本土經濟，令人民難以脫貧。
6. 全球化保障人權	自由市場有助發展出法治制度和言論自由，有助人權確立。	全球化只著眼於利潤，根本漠視人權。
7. 全球化促進民主	全球化促進民主政府，在過去十年世界的民選政府數目差不多增加一倍。	全球化令國際貿易和金融組織的權力膨脹，大大削弱各國民選政府管治本土的能力，根本削弱民主。

8. 全球化 提高人類生活 水平	全球化所帶來的生活水平顯著提高,人類壽命、識字率、健康都大大改善。	全球化削弱公共醫療系統、本土經濟、以農為本的社會基礎,談不上提高人類生活水平。

資料來源:全球化六大課題, http://www.cuhk.edu.hk/hkiaps/pprc/LS/globalization/1_
    c.htm

由於全球化的爭議不斷,伴隨而來的就是反全球化的思潮與運動,反全球化運動這個詞彙,泛指在 20 世紀末期開始出現,並以針對全球化進程為對象的各種示威和抗爭。反全球化運動所涵蓋的抗爭議題、組織形式和參與人士等層面都很廣泛,而其中的一項共同點,就是不滿當今的全球化模式。要了解反全球化運動,必須先了解參與其中的人士為何反對全球化。對這群批評者來說,全球化所帶來的一連串經濟發展機會,以及與之相連的經濟制度和貿易模式,其實都只惠及少數人,卻令大多數人受損。其中一項最常見的批評,就是所謂「探底競賽」,這是指勞工、社區,以至政府,都迫於無奈要削減成本來吸引外資,導致工人福利、社會和諧與環境,都要付出代價,一如台灣這十幾年的平均工資不斷地下探低點。反全球化人士斷言全球化的惡果,包括貧困者增加、社會和國際不平等加劇、經濟波動加大、民主制度削弱、環境破壞等。[26]

反全球化運動自 1999 年起開始引起較為廣泛的注意。當時世界貿易組織在西雅圖開會,引發大規模抗爭活動。這種街頭抗爭,它的反對

---

[26] "Concept List – Globalization", http://www.cuhk.edu.hk/hkiaps/pprc/LS/globalization/7_conceptlist.htm#711

聲音漸漸引起主流傳媒報導，使得全球各界開始反思全球化所帶來的種種影響，其中較常見的議題，有人權、社會公義、環保、民主等。2005年香港舉行 WTO 會議期間，反全球化運動亦積極介入其中。反全球化運動的參與者，包括不同層面的草根社群和關注不同議題的非政府組織。這些人參與其中，使反全球化運動成為全球性及複數議題的抗爭運動。不過，這些為數眾多的個人及組織參與者，他們各持不同理念，也往往提出不同改革方向。因此，很難完全羅列反全球化運動的參與者和訴求。[27]

　　一般而言，抗爭是反全球化運動的核心。反全球化運動的參與者在立場上較為多元化，在理念和主導思想上也傾向兼容並包；而他們當中的共同目標，主要就是反對大企業的霸權。不過，也有一部分年輕激進份子是以反對整體資本主義制度為出發點。因此，雖然一般的反全球化運動主張加強監管大企業，並要求商業機構符合社會責任和環保原則，但也有部分反全球化運動人士主張全面推翻這些大企業。然而究竟要如何看待反全球化運動呢？他們是否為公共秩序和國際會議的破壞者？他們的行動是否為社會不滿的一種表達方式？他們又是否真的是民主公義的鬥士？以上問題其實沒有一定的看法，最主要還是看大家如何看待全球化。如果大家認為全球化是件好事，那麼反全球化運動就是破壞者；相反，如果大家認同全球化是「尋底競賽」，則誰能阻止這種發展的人

27　有學者嘗試將反全球化運動歸納為四大組別：以發展議題為主（例如樂施會）、以人權議題為主（例如 ATTAC International）、以環境議題為主（例如綠色和平）、跨議題（例如 No Logo）和聯合陣線（例如 the Act Up）。

士，他們的行動都對人類有貢獻。所以對於反全球化運動，以至於各個非政府組織的評價，均應奠基於是否同意它的所做所為是合理的，以及它的行動是否真的有幫助弱勢之群。[28]

三　結論

　　因此，要界定「全球化」不妨從廣義和狹義兩個層面來理解。狹義上的「全球化」，僅指「經濟全球化」，這是最通常和最原始的含義，它指的是生產、貿易、投資、金融等經濟行為超越一國領土界限的大規模活動，是生產要素的全球配置與重組，是世界各國經濟高度相互依賴和融合的表現。而廣義的「全球化」，是經濟全球化的發展結果之一，即由「經濟全球化」所導致的各國之間在法律、社會管理體制、文化，以及最終可能在政治等領域的全面相互作用，產生全球融合的趨勢。[29]中國前海協會會長汪道涵先生曾指出，經濟全球化是當今世界發展的客觀進程，是在現代高科技條件下經濟社會化和國際化的歷史階段。[30]第二次世界大戰以後經濟發達國家之間貿易往來和相互投資增長快速，跨國公司成為世界經濟成長的發動機，各國經濟互相滲透、相互依存，漸趨整合。1980 年代末期，大多數前共產國家也逐步向市場經濟轉型並

28　"Concept List – Globalization", http://www.cuhk.edu.hk/hkiaps/pprc/LS/globalization/7_conceptlist.htm#711

29　錢戈平、黃瑤，「論全球化進程與國際組織的互動關係」，頁 4-5。

30　Jacques Adda，《經濟全球化》（La Mondialisation de L'economie），何競、周曉幸譯（北京：中央編譯出版社，2000），頁 I。

邁向民主政治體制，1990 年代則堪稱全球化變革及加速的年代，跨國企業、資訊通訊科技、國際分工體系等迅速發展。如今經濟全球化已經成為強勢的時代潮流，而在它的帶動下，政治、社會、文化等面向的整合也在逐步展開，歐盟跟東盟都是很好的例子。[31]

　　一般而言，人們很難透徹全球化的影響，當然也就不該妄自為全球化立下通則。例如：人們很難證實全球化的過程是否真會傷害原住民文化並威脅傳統的生活方式。我們很難客觀衡量全球化發展及可能的影響；同樣地，我們也無法證實更密集且廣泛的全球網絡就會造成民族主義或基本教義的反彈。無可避免地，還是有不少可能造成這類反彈的因素，例如魅力型領袖、區域歷史背景、當地政治發展等。即使我們只是嘗試著到處去尋找全球化的影響也有風險，此將造成全球化變成一種通用的現象，因而失去任何意義。或者，我們可以把全球化視為全球無所不在且全能的一種自行運作的力量或單位。就像我們已經見識過的諸多事例和影響，全球化就其本身的意義而言，即為實際運作的過程和其所建構的互動性。全球化並非獨立存在於社會與文化之外；相反地，他的運行過程環繞並融入社會和文化，並透過社會和文化呈現出來。[32]

　　此外，由上述全球化與本土化互動的角度出發，全球化不僅被政治與經濟的權力階層所把持，隨著各地人民對全球化的意識提高，他們更投入改造全球化的行動，這即所謂全球公民社會的興起，目標是要將全

---

31 Paul Hopper, *Living with Globalization* (New York: Berg, 2006), p. 145.

32 Paul Hopper, *Living with Globalization*, pp. 145-146.

球化的進程變得更人性化及更民主。反全球化運動將社會公義的理念引入經濟全球化的發展當中，正是明顯例子。總括而言，全球可以改變本土，本土同樣可以改變全球。[33]在這樣的條件下，民主機制也被認為應該包含人員、創意及科技的自由流通，而公民社會的努力也正不斷地擴大民主的範疇。此意謂著在國家內部及國際上強化民主治理機制乃是解決區域與全球問題的良方。不同的反抗運動都是為了在全球化的時空下適度地重建政治社會並強化社會凝聚力。這些反抗運動大多來自公民社會，當有些國家無所不用其極謀取自由經濟體制上的利益，就會造成其他國家抵制全球化經濟架構。因此，比現有模式更具潛力的，反而是這些公民社會及國家的努力會互相鼓勵來重繪全球化的版圖。[34]

　　具體而言，過去二三十年來全球化的發展，使全球出現新的局面，也引起了新的爭議。如資訊科技與航運技術的突破，使得地理限制大大降低。時至今日，資訊與資本的全球性即時流通，已經基本實現；人流與物流的速度不斷提升，成本不斷下降，再加上國際之間的政治阻隔在冷戰後急速消融，全球性的活動大大增加，創造了各種新的局面。又如經濟上的生產與消費、投資與融資都已經以全球為基礎來進行，這已經使全球市場整合的情況基本實現。政治上透過政府的多邊協議、區域結盟及成立國際組織等趨勢，促使全球政治平台成為新世代的重要政治制度。文化上以美國為首的西方國家向世界各地傳播消費主義、自由主義

33　"Concept List – Globalization", http://www.cuhk.edu.hk/hkiaps/pprc/LS/globalization/7_conceptlist.htm#711

34　James H. Mittelman, *Whither Globalization? The Vortex of Knowledge and Ideology* (New York: Routledge, 2004), p. 20.

等思想行為，引發各地的本土文化對西方文化的吸收與反抗，也成為了現今人類文化發展的一條主軸。在這種種新的發展中，不同的群體、組織、國家、地區所面對的機遇與挑戰不盡相同，得益與損失自然也不一致，由是引起了新的爭端。這些爭議，都是圍繞全球化的各種發展趨勢而出現的，當中涉及利益立場與價值立場之爭，要消解並不容易，但經過認識了解，才有可能做出理智的判斷。[35]

35　全球化六大課題，http://www.cuhk.edu.hk/hkiaps/pprc/LS/globalization/1_c.htm

問題與討論

一、試論述全球化在經濟、政治、文化等不同層面的影響。

二、試回顧歷史上全球化不同階段的變化,以及近年全球化急速發
　　展的基礎。

三、試討論推動與反抗全球化的各個社會群體。

四、有關全球化的主要爭議有哪些?

五、試討論全球化和本土化的關係。

2

Chapter 翁明賢

全球治理的理論與實際

一　前言

一　當前國際社會的一些問題

　　由於科技推動各項跨越國境的活動，不僅包括經濟、社會、文化、政治與環境等等，使得人類處於全球化時代。而此一「全球化」時代也因為全球社會活動日益頻繁、交相影響，產生許多「全球問題」，這些「全球問題」的「複雜性」與「多元性」，形成一個「相互依存」也同時「相互威脅」的國際社會。例如，2016 年 8 月，全球社會都在關注巴西里約奧林匹克運動會的舉辦，每一個參與國家都在累積獎牌數目，不僅代表國家「軟實力」（soft power）的國際形象問題，更是創造未來無窮的體育商機。

　　同時，國際社會也在擔心緣起於南美洲的茲卡病毒，已在 50 個國家流傳，2016 年 5 月中旬，就有七個國家或地區報告出現疑似茲卡病毒導致的小腦症及其他先天畸形病例。[1]里約奧運會主辦當局也呼籲所有運動員在房間內要開空調緊閉門窗，外出時要噴灑防蚊液，也持續在選手村、媒體村與各場館進行消毒。[2]但是，會不會全球運動員與旅客的到訪，在結束賽事之後，因此而傳遍全世界，引發全球防疫的問題。

1　基本上，茲卡病毒會透過蚊子叮咬、輸血或與感染者發生性行為等方式傳播，也可能由孕婦傳給胎兒。請參見「茲卡病毒源遠流長！」，《科學人雜誌》，檢索於 2016 年 8 月 14 日，http://sa.ylib.com/MagCont.aspx?Unit=newscan&id=3137。

2　「里約奧運」茲卡病毒呢？籌委會：冬天蚊子少」，中時電子報，檢索於 2016 年 8 月 14 日，http://www.chinatimes.com/realtimenews/20160809004439-260403。

　　另外，目前歐洲各國頻頻傳出恐怖主義攻擊事件，尤其是德國在 2016 年 7 月期間出現四起攻擊事件，[3]連同法國巴黎、比利時機場的國際恐怖主義與極端主義攻擊事件，成為世界各國憂心的安全議題。事實上，由於「伊斯蘭國」（ISIS）所引發有關的恐怖攻擊，範圍超過洲，從土耳其到巴格達、美國到印尼。[4]如同赫爾德等人的專著《全球大變革》一書中提出，全球化不但是引發而且加強許多問題領域的「政治化」，也朝向「制度化」方向進展，由於政治動員、監督、決策與跨國監督等活動，所形成的網路日益複雜，擴展了跨國政治活動與政治權威的能力與領域。[5]

二　全球化與全球問題

　　上述不管是茲卡病毒、伊斯蘭國恐怖主義、全球奧運盛事，都在凸顯全球化時代，產生「全球問題」，端靠單一國家無法解決所面臨的問題，亦即國家一般性的「政府治理」發生問題，無法單獨處全球問題，必須國際社會同心協力，才能因應多元與複雜的議題。例如，歐洲難民議題，不僅牽涉到東南歐國家的配合意願，主要收留國一德國的「歡迎政策」，而德國已實施許多計畫試圖教導難民新國家的價值觀，包括男

3　「英勇的冷靜　德國人這樣應對恐怖攻擊」，《天下雜誌》，檢索於 2016 年 8 月 14 日，http://www.cw.com.tw/article/article.action?id=5077600。

4　基本上，根據追蹤恐怖主義行動的 IntelCenter，6 月 8 日以來，在中東和北區戰區以外的城市，每 84 小時就會發生一起由伊斯蘭國煽動或指示的重大攻擊，包括上星期法國 1 名神父遭激進伊斯蘭主義者殺害。「教宗：滋長恐怖主義的不是伊斯蘭教，是金錢崇拜」，《天下雜誌》，檢索於 2016 年 8 月 14 日，http://www.cw.com.tw/article/article.action?id=5077644。

5　戴維赫爾德等，《全球大變革：全球化時代的政治、經濟與文化》（北京：社會科學文獻出版社，2001），頁 613。

女之間的平等,以及言論自由。而難民是否能夠成功融合進德國,則決定梅克爾的開放政策是否奏效。[6]事實上,在於如何平息敘利亞、伊拉克戰亂頻繁的衰敗國家,使其恢復為正常國家,才能杜絕更多難民問題的出現。是以,全球化形成三種權力結構:民族國家之間的傳統平衡、民族國家與全球市場、個人與民族國家之間的平衡。[7]

三 全球治理必要性與重要性

因此,「全球化」或是一般傳統所稱的「經濟全球化」的發展,會讓所有物質與社會的空間逐步屈服於資本主義的法則,亦即所謂自由市場的競爭關係,也就是資本無限積累的法則,[8]會使得「全球治理」議題的處理更加面臨挑戰。本文的主軸在於提出全球化下產生一連串的全球議題,以往個別國家、國際組織與機構如何因應的一些案例,其次,從國際關係理論的角度分析「治理」、「全球治理」的意義,影響「全球治理」發展的因素為何?目前「全球治理」在全球層面、區域層面與國家間的實際概況,最後,本文提出全球治理的發展趨勢,以及台灣面臨此種「全球治理化」時代應該如何因應自處之道。

6　「德國攻擊事件連環爆 梅克爾對百萬難民敞開大門的政治豪賭,做對了嗎?」,風傳媒,檢索於 2016 年 8 月 14 日,http://www.storm.mg/article/147793。

7　Thomas L. Friedman,《了解全球化:凌志汽車與橄欖樹》,蔡繼光等譯(台北:聯經,2000),頁 28-29。

8　雅克阿達(Jacques Adda),《經濟全球化》,何竟、周曉辛譯(台北:知書房,2000),頁 29。

二　全球治理的概念與理論

一　治理與善治的意義

　　「全球治理」的思考源起於以國家為中心的國際體系形成之後，主要目的在於解決國家之間的問題，除了戰爭手段以外，透過國際法、和平主義、功能主義到國際建制（international regimes），主軸就在於如何「治理」國際社會的問題。[9]

　　「治理」（governance）是指一系列的過程與組織，包括正式的與非正式的，「影響」與「指導」一個群體的公共事務。[10]為何「治理」成為一個國際關係理論學界的課題，人類政治過程的重心從「統治」（government）走向「治理」（governance），從「善政」（good government）走向「善治」（good governance），從政府的統治走向「沒有統治的治理」（governance without government），從單一民族國家的「治理」，走向一個「全球治理」（global governance）。[11]

　　至於何謂「善治」（good governance）係指讓「公共利益」最大化的社會管理過程。俞可平整理各家學說提出以下十個基本要素：1.「合

9　陳紹鋒、李永輝，「全球治理及其限度」，在《中國學者看世界：全球治理卷》，王緝思主編，龐中英分冊主編（北京：新世界出版社，2007），頁41。

10　Robert O. Keohane, Joseph S. Nye Jr., Introduction, in Nye, Joseph S. and John D. Donahue eds., *Governance in a Globalizing World* (Washington: Brookings Institution Press, 2000), p. 12.

11　俞可平，「全球治理引論」，在《中國學者看世界：全球治理卷》，王緝思主編，龐中英分冊主編（北京：新世界出版社，2007），頁4。

法性」（legitimacy）；2.「法治」（rule of law）；3.「透明性」
（transparency）；4.「責任性」（accountability）；5.「回應性」
（responsiveness）；6.「有效性」（effectiveness）；7.「參與」
（participation）；8.「穩定」（stability）；9.「廉潔」
（cleanness）；10.「公正」（justice）。**12**

　　在一個國際社會本質還是「無政府狀態」下，上述十項要素都是從
國內法或是國內統治的角度出發，因為「權力」與「安全」還是國家追
求的主要目標。如果從新自由制度主義角度出發，「國際法」與「國際
組織」成為規範國際秩序的主要工具，要讓「公共利益」發揮到極大
化，還需要加上運用建構主義的「認同」與「規範」的「內化」，讓相
關參與的國際行為體：國家、國際組織、非政府組織都能透過有意義的
互動達到上述十項要素的認同接納過程。

　　事實上，影響後冷戰時代「全球治理」的三項因素：**13**第一，冷戰
結束沒有終止傳統國際與區域間的衝突，而是以不同形式繼續存在，影
響人類生存與發展的主要根源；第二，經濟全球化的發展歷程，國家之
間在政治、經濟、社會與文化的交流合作密切連結，超越意識型態與既
有政治制度的限制，需要在不同國家制度之間建立公同遵守的規則與機
制；第三，冷戰結束之後，雖然美國獨霸全世界格局出現，但是，世界
政治朝向「多極化」發展，比較符合全球治理的理想。基本上，「中國

12　俞可平，「全球治理引論」，頁 10-13。
13　俞可平，「全球治理引論」，頁 24。

崛起」（China's rise）已經是一個事實，表現在經濟力、外交力與軍事力方面，使得美國不得不採取預防性戰略：重返亞太戰略，強力主導全球性與亞太區域性的國際組織與機制，是以，從中國的角度言，如果能夠激起「全球治理」的聲浪，讓各種聲音出現，至少可以削弱美國在國際上對於中國的戰略圍堵效應。

二 全球治理的定義與內涵

美國學者 James N. Rosenau 是全球治理的代表學者，強調「治理」與「政府統治」有所區隔，「治理」為一系列活動領域理的管理機制，雖然沒有被正式授權，卻能有效發揮作用。「治理」也是一種由共同目標支持的活動，管理的主體除了政府之外，大部分依靠非國家力量來實踐。[14]換言之，由於國際社會處於「無政府狀態」，無法建立一個「世界政府」或是「世界聯邦」來主持正義，防止戰爭，尤其是那些事關人類全體生存的資源、環境與糧食問題，只有各個國家之間的協調，通過建立可以促進相互依存的國際制度來加以調節。[15]

主要在於國家雖然有最高的國內管轄權，但是，國際社會存在一些灰色地帶，國際組織也有時候無法發揮效用，例如北非中東地區的難民跨越地中海過程中發生海難事件，某種程度變成人道災難問題，非歐盟

---

[14] 詹姆斯羅西瑙，《沒有統治的治理——世界政治中的秩序與變革》（英國：劍橋大學出版社，1995），頁5；「二十一世紀的治理」，原載《全球治理》，1995創刊號，轉引自俞可平，「全球治理引論」，頁5註釋1。

[15] 陳紹鋒、李永輝，「全球治理及其限度」，《中國學者看世界：全球治理卷》，王緝思主編，龐中英分冊主編（北京：新世界出版社，2007），頁45。

單一組織或是個別國家可以因應的事件。換言之,「全球化」促成「全球治理」的現象,主要在於「全球化」對於國家的政治價值、政治行為與結構產生重大影響:集中表現在對於國家主權至上的民族國家。[16]

「治理」與「統治」的四大區別在於:第一,治理需要權威,此一權威來源並非一定是政府機構,統治的權威則來自政府部門;第二,政府統治的權力運作由上而下,治理則是一個上下互動的管理過程,透過合作、協商、夥伴關係,確立共同目標來從事公共事務的管理;第三,政府統治的範圍以國家領土為界限,治理的範圍可以在一國之內,或是超越國家領土界限的國際領域;第四,統治的權威來源為國家政府強制性的法規命令,治理的權威來自於公民自願性的認同與共識。[17]換言之,「治理」是指官方或是民間的公共管理組織,在一定範圍內運用公共權威維持秩序,滿足公共的需要,而治理的目的在於不同的制度關係中,運用各種權力引導、控制與規範公民的各種活動,以增進公民的公共利益為原則。[18]一言之,治理與善治相較於傳統政府治理的不同點在於,其適用範圍超越傳統國家範圍,進入超國家層次。

三　全球治理的理論與途徑

「全球治理」(Global Governance)就是指涉任何有目的的行動,意在「控制」或是「影響」一些不管是發生在國家領域範圍內,或是其

16　俞可平等,《全球化與國家主權》(北京:社會科學出版社,2004),頁1。

17　俞可平,「全球治理引論」,頁7-9。

18　俞可平,「全球治理引論」,頁7。

他領域層次以外，嘗試影響該領域的所有行為。[19]「全球治理」理論著重於非政府組織、跨國公司，公民運動或是公民社會，還包括全球大眾媒體，全球資本市場等等，非政府的作用在全球治理中體現。[20]「全球治理」的理論嘗試將「一個全球化的世界當作一個集體的存在來共同治理，即當作『社會──世界』去治理」。[21]換言之，「全球治理」與社會公眾之間是一種良性互動過程，讓前者透過滿足後者的「公共需求」而獲得「自願認同」、服從與支持全球治理的過程，也包括前者透過政治社會化途徑，讓後者獲得治權參與治理的另一個面向。[22]

　　「全球治理」的意涵係指：透過具有約束力的「國際規制」（international regimes）來解決全球性的衝突、生態、人權、移民、毒品、跨國走私等傳染病問題，來維繫正常的國際政治經濟體系。[23]俞可平認為全球治理包括五個要素：[24]第一，全球治理的價值。全球治理者倡導在全球範圍之內，完成人類超越國家、種族、宗教與文化的普世價值：生命、自由、正義與公平。第二，全球治理的規則。維護人類社會正常的秩序，實現普世價值的規則體系：規範、標準、政策、協議與政

19　其原文為：“Global governance, thus, is any purposeful activity intended to ‘control’ or influence someone else that either occurs in the arena occupied by nations or, occurring at other levels, projects influence into that arena”, Lawrence S. Finkelstein, “What is Global Governance?”, Global Governance, Vol. 1, No. 3 (Sep-Dec. 1995), p. 368.

20　龐中英，關於中國的全球治理研究（代序），《中國學者看世界：全球治理卷》，王緝思主編，龐中英分冊主編（北京：新世界出版社，2007），頁12。

21　龐中英，關於中國的全球治理研究（代序），頁11。

22　蔡拓、吳娟，「試析全球治理的合法性」，在《中國學者看世界：全球治理卷》，王緝思主編，龐中英分冊主編（北京：新世界出版社，2007），頁33。

23　俞可平，「全球治理引論」，頁13。

24　俞可平，「全球治理引論」，頁14-18。

策等等。第三，全球治理的主體。包括：1.各國政府、政府部門、次國家部門；2.正式的國際組織，聯合國、世界貿易組織、國際貨幣基金、世界銀行等；3.非正式的全球性公民組織，例如綠色和平、國際特赦組織、自由之家等等。第四，全球治理的對象。包括影響人類生存發展的跨國性議題：1.全球安全：國家間武裝衝突、大規模毀滅性武器擴散、國際小型武器交易販賣；2.生態環境；資源的合理開發與運用、稀有動植物保護、海洋環境汙染防治；3.國際經濟：全球金融市場秩序、國際金融匯率、公平競爭；4.跨國犯罪：非法移民、走私偷渡、國際恐怖活動；5.基本人權：種族滅絕、疾病傳染、飢餓與貧困、全球與區域難民問題。

全球公共問題涉及三個主要思考，[25]首先，不是單一國家面臨的個體課題，而是多個國家或是全球社會所面臨的課題，亦即此一問題具有「不可分性」（indivisible）；第二，並非簡單的國家之間的問題，而是個人——國家——全球面臨的共同問題，例如國際金融體制與全球生態持續發展問題。第三，基於公共問題的性質，從而決定了解決之道在於多邊的聯合行動，在於合作基礎上的全球公共政策與規劃。

是以，全球問題或是全球公共問題的興起，使得「全球治理」或是「全球管理」的必要性增強，並且對於國家在國際社會行動上的挑戰，但是，更進一步的意涵在於，全球各國是否能夠針對全球問題的「治

25　蘇長和，《全球公共問題與國際合作：一種制度的分析》（上海：上海人民出版社，2000），頁6。

理」達成一定的共識。[26]是以，「國際制度」與「全球治理」有以下的邏輯關聯性：首先，替全球治理提供基本的原則與規範，促進行為者的有效預期，從而約束不負責任的行為體。此外，國家建構國際制度，國際制度亦可對於國家行為產生約束性。第三，國際制度也構成國家行動的外部環境的約束。[27]

三　影響全球治理發展因素

一　全球事務與全球問題的複雜性

全球治理日益興盛的五點因素：第一，全球化引導兩種力量，影響傳統國家的治理模式；第二，全球問題的產生與解決，都需要「全球治理」；第三，國家間發生相互依存現象，出現權利的讓渡，也使得一些負面作用影響其他國家，是以，「全球治理」有其存在的必要性；第四，非國家行為體的成長壯大，為「全球治理」過程，提供更多參與的行為主體；第五，資訊革命為「全球治理」活動帶來物質基礎，但是，全球國家之間的差異，需要「全球治理」加以協調管理。[28]

西方的全球治理也存在一些不穩定的因素，包括下列三點：第一、全球治理體系中的主體：一些國際組織與全球公民社會組織受到美國為

26　蘇長和，《全球公共問題與國際合作：一種制度的分析》，頁8。
27　陳紹鋒、李永輝，「全球治理及其限度」，頁47。
28　陳紹鋒、李永輝，「全球治理及其限度」，頁42-44。

主的西方國家的影響，很難擺脫已開發國家的利益考量；第二，西方國家制定與確立全球治理的規則與機制，受到已開發國家的價值與意圖所影響；第三，全球治理理論的前提建立在國家與政府主權的衰弱、民族國家疆界日益受到挑戰不清，凸顯出治理的跨國性與全球性，上述論點在某種程度下，會造成國際組織或是跨國公司干涉國家內政的問題，製造許多區域紛爭的主因。[29]

首先，「全球事務與全球問題的複雜性」是基於人類面臨安全威脅結構性的改變，以往傳統安全依舊存在，例如國家之間的軍事衝突，區域國家之間的動亂。亦即，全球化讓各國與各社會之間相互聯繫與相互影響，產生高度複雜的全球問題，使得國家間、國家與非國家行為體、非國家行為體之間的互動也持續增強。[30]以敘利亞內戰為例，2011 年茉莉花革命在北非暴發，擴散至中東地區，在敘利亞也發生學生要求民主化運動，政府鎮壓下，導致民兵出現與政府軍對抗。2013 年 6 月時根據聯合國統計，有 9 萬人在戰火中喪生，到了 2014 年 8 月時高達 19.1 萬人，2015 年 3 月時的死亡數字到達 22 萬人。[31]加上，2013 年 8 月，敘利亞首都大馬士革的農業區傳出數百位民眾受到神經性毒氣「沙林」的攻擊，消息震驚國際社會，引發歐美大國的譴責，當時歐巴馬總統（Barack Obama）甚至不惜訴諸國會同意，要求派兵敘利亞，以阻止此

---

29 俞可平，「全球治理引論」，頁 27-28。
30 龐中英，關於中國的全球治理研究（代序），頁 11。
31 「8 大關鍵點讓你看透敘利亞內戰為何打不完」，地球圖輯隊，檢索於 2016 年 8 月 17 日，https://world.yam.com/post.php?id=3542。

一違反人道的暴行。不過，俄羅斯普丁總統獨排眾議，要求美國在聯合國安理會拿出證據，否則反對美國片面出兵的行動。事實上，俄羅斯支持現任敘利亞總統阿賽德，主要在於維護其在敘利亞的軍港，以及確保俄羅斯在中東地區的影響力。

至於非傳統安全威脅，則是變本加厲，從不同面貌衝擊全球穩定，例如 2009 年爆發美國華爾街金融風暴以來，引發全球經濟金融受到很大的衝擊，尤其是壽險業波及更大，也引發歐豬四國（葡萄牙、愛爾蘭、希臘、義大利）的金融危機。其中，希臘國債高築無力償還，也不願接受歐盟金融財政重組的條件，而帶來脫離歐盟的聲浪，卻也讓歐盟單一貨幣「歐元」（EURO）受到一定程度的影響。

基本上，北韓是目前東北亞危機的來源，一方面一黨專制封閉的社會，再者，平壤不斷強調擴軍威脅他國的政策，而北韓非《禁止核子擴散條約》、《全面禁止核子擴散條約》成員國。「北韓第 4 次核試後，南韓東國大學的北韓專家金容鉉說，目前兩韓關係是『1970 年代冷戰以來最緊張』，北韓此刻承認正進行再處理，透露將增加所持有的核武。根據南韓韓聯社報導，北韓對用過核燃料棒的再處理，每年可得到約 2 個核武分量，約 6 公斤的鈽原料。」[32]同時，北韓內部相當不穩定，近期發生許多駐外人員叛逃事件，北韓領導人金正恩已下令大舉消除誘發駐外人員叛逃、失聯等所有不穩定因素，立即撤銷業績差的使

32　「不甩制裁北韓將第 5 次核試」，蘋果日報，檢索於 2016 年 8 月 17 日，http://www.appledaily.com.tw/appledaily/article/international/20160819/37352524。

館、代表團、商社、餐廳等駐外機構。同時要求,防止駐外人員使用電腦手機偷看韓國資料和有害出版物宣傳品,禁止管理人員擅自離開派駐地區,並禁止其餘駐外人員擅自行動。」[33]

又例如我國刑事局 2016 年 4 月破獲羅馬尼亞偽卡集團,該集團在歐洲側錄信用卡,來台製作偽卡盜領再匯回歐洲,該集團以偽卡提領 240 多萬元新臺幣,並匯往國外 15 餘萬元美元。該集團歐洲成員在歐美或台灣特定 ATM 裝設針孔攝影機與側錄器材,趁民眾以信用卡提領現金時側錄信用卡號與密碼,再將偽卡資訊以 E-mail 寄給在亞洲各國的車手成員,由各地車手製造偽卡盜領。[34]

㈡ 全球衰敗國家無效的政府治理

基本上,從政治學的角度言,所謂「國家的衰敗」有其內在與外在的結構性因素。[35]或者「窮國之所以貧窮,不是由於命定的地理因素,也不是因為傳統文化作祟。糟糕的政策很可能不是因為執政者愚笨無知,而是他們刻意圖利支持其權力的特權菁英,代價是整體社會的利

---

33 「傳外逃頻發觸怒金正恩」,蘋果日報,檢索於 2016 年 8 月 17 日,http://www.appledaily.com.tw/realtimenews/article/new/20160819/931767。

34 「老外偽卡集團最重遭求刑 21 年」,中時電子報,檢索於 2016 年 8 月 17 日,http://www.chinatimes.com/newspapers/20160818000612-260106。

35 基本上,「國家的衰敗」,體現為一個國家法規不彰、權力渙散、綱紀不振、有規不循、社會敗壞。整個社會掌權者追求權錢交易,無權者尋求權力庇護、或者施壓權力恩賜好處,在腐朽的私密化生活中,任由社會正義感脆化,國家規則感喪失,讓國家在精神、制度和日常生活世界中悉數墮落,以至於國不成國、家不成家」,請參見「國家何以避免衰敗:比較政治學的國家主題」,中道網,檢索於 2016 年 8 月 17 日,https://translate.google.com.tw/translate?hl=zh-TW&sl=zh-CN&u=http://www.zhongdaonet.com/Newsinfo.aspx%3Fid%3D13584&prev=search。

益。」[36]

基本上，人類進入全球化時代，整體科技的進展已經到達一定程度，使得人類社會可以共享。但是，從目前的實證研究顯示，全球社會處於一個不公平、不平等、不均衡的社會發展。我們已進入一個地緣政治的新年代，在 20 世紀，國際安全的主要威脅是超級強權間的衝突；但今日的威脅則是這些衰敗的國家。亦即當一個國家的政府無法提供人民安全的保障（包括糧食安全，以及教育、醫療保健等基本社會服務），國家就開始衰敗，政府也無法控制部分或全部的領土。當政府完全失去掌控權時，法律與秩序便開始瓦解，達到某個程度之後，國家可能變得非常危險。[37]

在索馬利亞與阿富汗，情勢的惡化已經危及許多國際救援計畫及其工作人員的安全。另外，一些衰敗國家深受國際社會關注，因為這些國家潛藏恐怖份子、毒品、武器與難民，影響任何相鄰國家的政治安定。2008 年，衰敗國家名單裡排名第一的索馬利亞已成為海盜大本營；排名第五的伊拉克孕育恐怖份子的溫床；阿富汗（排名第七）是世界首要的海洛因供應地；1994 年，非洲盧安達發生大規模種族屠殺之後，該

---

36 事實上，「一個社會若能將經濟機會與經濟利益開放給更多人分享、致力於保護個人權益，並且在政治上廣泛分配權力、建立制衡並鼓勵多元思想，作者稱為廣納型制度，國家就會邁向繁榮富裕。反之，經濟利益與政治權力若只由少數特權菁英把持，作者稱為榨取型制度，則國家必然走向衰敗。」，請參見「國家為什麼會失敗⋯權力、富裕與貧困的根源」，台灣石油工會，檢索於 2016 年 8 月 17 日，http://tpwu.org.tw/online-book-club/579-why-the-state-will-fail-the-root-of-power-wealth-and-poverty.html。

37 「糧食短缺拖垮人類文明？」，《科學人雜誌》，檢索於 2016 年 8 月 18 日，http://sa.ylib.com/MagCont.aspx?Unit=featurearticles&id=1392。

國的難民便逃往鄰近的剛果民主共和國（排名第六），成為破壞鄰近地區國家的幫凶。[38]事實上，政府能提供基本的公共行政，並非理所當然的事，許多國家陷入貧窮部分原因就是因為政府沒有治理能力，包括阿富汗、海地、索馬利亞等國家，生活一片混亂也沒有保障。[39]

自 2016 年 5 月 10 日，有「菲律賓特朗普」之稱的杜特爾特（Rodrigo Duterte）當選總統後，向全國大力推行強橫粗暴的掃毒手法，延續他作為達沃市長期間推行的緝毒模式。但是，根據「國際透明組織」2016 年初公布的「2015 年貪腐印象指數」（Corruption Perceptions Index 2015），菲律賓位列全球第 95 名，其司法獨立程度更是岌岌可危。2009 年菲方搗破了一個富二代的販毒集團（Alabang Boys），後來呈上法庭檢控官的證據遭處理掉，結果撤銷檢控兩名被告，反映執法者和司法者的落差，很多檢查官都涉及毒品交易，更有政客透過毒品貿易獲取巨額選舉捐款。[40]

三 全球與區域組織因應問題能力

基本上，「全球治理（Global Governance）已經成為我們這個時代

38　「糧食短缺拖垮人類文明？」，《科學人雜誌》。

39　「沒有優質國家，就沒有優質民主——這本書告訴你政治的起源與衰敗」，聯合新聞網，檢索於 2016 年 8 月 18 日，http://udn.com/news/story/7060/1260315。

40　HKIRRA 香港國際關係研究學會，「『菲律賓特朗普』的毒品聖戰　貧民不明不白魂斷風暴中」，香港 01，檢索於 2016 年 8 月 19 日，http://www.hk01.com/01/%E5%8D%9A%E8%A9%95-%E6%94%BF%E7%B6%93%E7%A4%BE/37698/-%E8%8F%B2%E5%BE%8B%E8%B3%93%E7%89%B9%E6%9C%97%E6%99%AE-%E7%9A%84%E6%AF%92%E5%93%81%E8%81%96%E6%88%B0-%E8%B2%A7%E6%B0%91%E4%B8%8D%E6%98%8E%E4%B8%8D%E7%99%BD%E9%AD%82%E6%96%B7%E9%A2%A8%E6%9A%B4%E4%B8%AD。

菁英的口頭語，而『技術創新』和『市場自由化』帶來的跨境商品、服務、資金和信息流動激增大大提高了全球國家的關聯程度，以至於任何國家都難以依靠自身的力量解決國內經濟問題。」[41]因此，需要設立全球機構，制定全球規則及全球協議，以解決上述相關問題。

2016 年 7 月 7 日，中國國家主席習近平接見聯合國秘書長潘基文，強調「當前中國同聯合國合作不斷深化，作為聯合國安理會常任理事國和最大的開發中國家，中國將繼續做聯合國的堅定支持者、維護者、參與者。我們要繼續弘揚《聯合國憲章》宗旨和原則，同時也要與時俱進，倡導共商、共建、共享的全球治理理念，建立反映世界多極化現實、更加強調以規則制度來協調的國際關係。」[42]另外，中國是全球第二大經濟體，金磚國家的一員，也是世界上最大的開發中國家，這種『三合一』的身分使得中國更加重視在「全球治理」過程中，必須承擔起橋梁和紐帶作用。[43]

2016 年 7 月 29 日，G20 集團國家智庫（T20）以「建設新型全球關係——新動力、新活力、新前景」為題在北京召開會議，中國學者張勝軍表示，G20 面臨一些挑戰，取決於是否能夠完善全球治理體系有關，並提出以下三個關鍵性問題，其重要性超過：「全球經濟不平

41 Dani Rodrik，「虛假的經濟承諾：『全球治理』只是保護既得利益全球計劃的代名詞」，關鍵評論，檢索於 2016 年 8 月 19 日，http://www.thenewslens.com/article/46809。

42 「習近平會潘基文談世界多極化全球治理」，人民報，檢索於 2016 年 8 月 12 日，http://www.renminbao.com/rmb/articles/2016/7/7/63798b.html。

43 「G20：全球治理中國智慧」，中國評論新聞網，檢索於 2016 年 8 月 12 日，http://hk.crntt.com/doc/1043/4/6/8/104346841.html?coluid=53&kindid=0&docid=104346841&mdate=0811070847。

衡」，包括：缺乏全球信任感與消除不安全感、負責任力量的缺失與缺少對「畸形經濟」的關注。[44]

最後，「全球治理」在理論與實踐中，事實上存在以下五種「局限性」：[45]第一，由於全球問題的興起，客觀上產生全球管理與治理問題，但無法保證一定會形成「全球治理」的現象；第二，行為體的利益分散，與現存國際體系的嚴重不對稱性，使得各行為體難以採取集體行動，又加上參與全球範圍內的價值分配過程中，增加許多行為體，期間形成複雜與多層次的關係網路；第三，基於主權的維護心理，國家會以不同程度來抵制「全球治理」的效用，世界社會雖然相互依存，也無法解決政治經濟發展不平衡問題，也無法消除國家間競爭與相互不信任；第四，無法形成一個類似擴大版的「國內政府」來解決全球問題，亦即缺乏一個超越國家政府之上的「國際權威」；第五，全球公民社會的脆弱性，主要在於國家還是唯一擁有暴力工具的全球治理的管理者，任何形式的非政府組織及其活動，都會受到政府的制約和管理。

---

44 「專家：全球治理面臨挑戰『東南主義』提供活力」，環球網，檢索於 2016 年 8 月 12 日，http://world.huanqiu.com/exclusive/2016-07/9244354.html。

45 陳紹鋒、李永輝，「全球治理及其限度」，頁 47-51。

四　全球治理的體現與問題

一　政治性全球治理：聯合國安理會的改革

聯合國成立於二次戰後 1945 年，當時五大強國為避免在發生類似戰禍，從「集體安全」角度籌建此一「全球安全」治理機制，並有相關附屬機構，因應各種傳統與非傳統安全的威脅事項。不過，聯合國並非全球世界政府，並沒有高於任何國家的權威，也無法介入各國的內政事務。是以，針對國家之間衝突、區域間衝突，聯合國大會並沒有實際的干預權力，安理會僅能通過決議，如果沒有安理會成員國的「否決權」運用，派遣維和部隊（Peace Keeping Force, PKO）進行和平維持工作，但不涉入當事國的爭議處理。

聯合國安理會改革議題：首先，關於安理會改革的討論仍然圍繞五個主要問題進行：新增安理會成員類別問題、否決權問題、區域席位分配問題、擴大後安理會規模問題，以及安理會工作方法問題。此外，從 1990 年代初開始，大會工作振興項目被列入議程。目的是振興和改進大會工作程序，提高大會工作效益，更好發揮大會作用。第三，關於經濟與社會理事會的改革問題，如提升聯合國環境規劃署和環境系統的地位和作用，加強國際金融機構與聯合國發展系統在社會、經濟及環境三方面的業務活動，提高系統一致性和效率等。第四，有關秘書長產生方式的改革，根據《聯合國憲章》，秘書長經安理會推薦由聯合國大會任

命產生，從 2006 年秘書長換屆時，開展關於秘書長推選程序問題的討論。[46]

事實上，聯合國是一個以主權國家為中心之高度政治化的機構，從其相關機構：安理會、大會、經社理事會、人權委員會及每個專門機構之運作，均是從自身「國家利益」出發來思考問題。[47]澳洲前總理陸克文近期出馬角逐聯合國秘書長一職，在環球網提出有關聯合國改革問題，認為「全球治理」的事務增加，聯合國相關機制是否能夠滿足國際社會的需求。[48]

二 非政府全球治理：氣候變遷與溫室效應

全球氣候治理議題：隨著全球極端氣候的威脅越來越劇烈，透過國際合作減緩全球暖化遂成為各國的共識。因此，在聯合國推動下，於

---

[46] 有關秘書長產生方式的改革構想如下：「1.設立秘書長推選委員會，負責秘書長推選工作，包括審定候選人資格，向安理會和大會推薦若干候選人。2.制定一套旨在選出最佳候選者的推選程序，對候選人資格及秘書長職位做出說明，明確時間表和正式候選人名單。3.提高透明度，舉行公開會議，要求候選人向大會提出施政綱領，使會員國和相關利益方有機會對候選人提出問題，以便展開對候選人的討論和評價。4.常任理事國宣布在秘書長推選問題上採取多數投票制，不使用否決權。5.公開進入名單的候選人履歷和相關信息。」參見李東燕，「聯合國改革：現狀、挑戰與前景」，中國共產黨新聞網，檢索於 2016 年 9 月 3 日，http://theory.people.com.cn/BIG5/n/2015/1008/c49150-27672712.html。

[47] 林文程，「聯合國應有的改革」，新世紀文教基金會，《新世紀智庫論壇》，第 32 期（2005 年 12 月 30 日），檢索於 2016 年 8 月 19 日，http://www.taiwanncf.org.tw/ttforum/32/32-04.pdf。

[48] 陸克文的談話原文：「國際秩序支撐基礎發生根本性變化的同時，全球化正在席卷一切。應對高度全球性的挑戰，諸如金融危機、恐怖主義、氣候變化以及人員國際流動的爆炸性增長等，都需要同等水平的國際協作來應對。然而，各國外交面臨的一大挑戰是：對高校的全球治理需求日益上升，但有效的治理公益卻不見增長。國際秩序的碎片化已然發生。那麼，我們要問：為戰後秩序『量身定制』的聯合國這一多邊機制，是否能夠滿足國際社會的需求。」請參見陸克文，「陸克文獨家撰文：共建全球治理新秩序——聯合國十年改革十策」，環球網，檢索於 2016 年 8 月 19 日，http://opinion.huanqiu.com/1152/2016-08/9297431.html。

1992 年簽署《聯合國氣候變化綱要公約》（United Nations Framework Convention on Climate Change, UNFCCC），又在 1997 年通過《京都議定書》（Kyoto Protocol, KP），這兩項協議構成國際氣候制度的核心，也是國際社會推動氣候治理的法律基礎，試圖建立一套有效治理的國際氣候制度，但全球溫室氣體排放量仍然持續。[49]2015 年 12 月 12 日，「聯合國氣候變化框架公約」近兩百個締約方在「巴黎氣候峰會」中，就氣候變化及減碳等議題達成共識，通過「巴黎協議」，這是「聯合國氣候變化框架公約」下繼《京都議定書》後第二份有法律約束力的氣候協議。[50]基本上，主要通過要點：限制溫升於 2°C 以下，並努力追求 1.5°C 的目標，並且已開發國家將持續提供資金援助開發中國家之減緩與調適，帶領推動氣候資金籌措工作。[51]

同時，「巴黎協定」鼓勵各國因應暖化衝擊，興建海堤等基礎建設、開墾貧瘠土壤、開發風力與太陽能等再生能源，並要求已開發國家

---

[49] 楊惟任，「主權國家於全球氣候治理的角色分析」，《全球政治評論》，第 49 期（2015）No.49，頁 83-106。

[50] 「世界地球日 171 國簽了歷史性巴黎氣候協定」，聯合新聞網，檢索於 2016 年 9 月 3 日，http://udn.com/news/story/9073/1648316。

[51] 主要內容為：「同意協議目的將限制溫升於 2°C 以下並努力追求 1.5°C，而為達成目的，各國將以長期穩定提升減量方式，每 5 年提出更具企圖心的國家自定貢獻（NDC）提升排放減量，並允許於不同國情下考量共同但有區別的責任，同時已開發國家將持續提供資金援助開發中國家之減緩與調適，帶領推動氣候資金籌措，並鼓勵其他國家之自願資助，另將每 5 年進行一次全球盤點。」請參見陳瑞惠，「巴黎會議重要談判結果與可能影響」，105 年 1 月專題，經濟部節能減碳推動辦公室，檢索於 2016 年 9 月 3 日，https://www.go-moea.tw/download/message3/2016%E5%B9%B41%E6%9C%88%E5%B0%88%E9%A1%8C-%E5%B7%B4%E9%BB%8E%E6%9C%83%E8%AD%B0%E9%87%8D%E8%A6%81%E8%AB%87%E5%88%A4%E7%B5%90%E6%9E%9C%E8%88%87%E5%8F%AF%E8%83%BD%E5%BD%B1%E9%9F%BF.pdf。

2020 年起年撥款 1,000 億美元予開發中國家作為抗暖化資金。[52]但是，因為《協議》沒有列明全球國家各自必須達到的減排目標，一切純粹「自願」，減排多少稱為「國家自主貢獻」（nationally determined contribution）。此外，目前世界的氣候管治模式，加上國與國間的考量相異，「巴黎氣候峰會」只可能造出無約束力和無具體減排要求的所謂「協議」。[53]

（三）人道問題全球治理：全球與歐洲難民的危機

全球難民問題：2015 年 6 月 15 日，「國際特赦組織」於黎巴嫩首都貝魯特公布「全球難民危機：忽視的共犯」報告，指出因世界領袖未能提供必要的人道援助，導致百萬名難民陷於令人無法忍受的處境，及數千名難民的死亡，從黎巴嫩到肯亞，從安達曼海到地中海，並呼籲全球應立即改善對待難民的態度。[54]根據聯合國「難民地位公約」第 1 條的規定，難民指的是因種族、宗教、國籍、特殊團體成員或政治立場不同，而被迫遷移到國家以外地區，不願或不能返國或受該國保護的人。此外，因為天災因素而被迫遷移或是生命受到威脅的人，也算是難民。聯合國秘書長潘基文指出，10 年前的世界難民中，約有 70% 住在開發

52　「巴黎氣候協定你該知道的 10 件事」，中央通訊社，檢索於 2016 年 9 月 3 日，http://www.cna.com.tw/news/firstnews/201512130109-1.aspx。

53　「氣候問題解決？認清巴黎協議「控制增溫 1.5℃」的空洞承諾」，關鍵評論網，檢索於 2016 年 9 月 3 日，http://www.thenewslens.com/article/32942。

54　「全球領袖忽視難民處境，導致數百萬人處於悲慘中，數千人死亡」，國際特赦組織台灣分會，檢索於 2016 年 9 月 3 日，https://www.amnesty.tw/news/1876。

中國家,而現在增加到 86%。[55]2016 年 6 月 20 日(世界難民日),聯合國難民署發布名為「全球趨勢」的難民問題報告,截至 2015 年底有 6,530 萬人因戰爭、武裝衝突、迫害等原因流離失所,比 2014 年增加 580 萬人,首度突破 6,000 萬人。此外,全球流離失所人數 5 年內大增了 5 成。在 2014 年全球難民已經超越二戰時期的總數。[56]

2015 年爆發歐洲地中海難民問題,不僅給「歐洲聯盟」帶來人道援助和移民難題,更造成歐盟建設中的外交與移民和司法政策的壓力。[57]全球輸出難民人數最多的國家是敘利亞,其次是阿富汗和索馬利亞,來自這三個國家的難民數量占到全球總難民數的一半以上。事實上,歐洲難民潮的根源在於敘利亞戰亂,由於伊斯蘭國(ISIS)的燒殺劫掠所造成。敘利亞全國 2,400 萬人口,已有 420 萬為難民人口。[58]2016 年 3 月 3 日,根據「歐盟邊境管制機關」(Frontex)數據,2016 年 1 至 2 月的難民入境數量是 2015 年同期的 30 倍。「聯合國難民署」形容歐洲正處於「自己造成的人道危機的風口浪尖」,雖然歐盟委員會於 2016 至 2018 年度撥 7 億歐元作「緊急人道援助基金」,處理

---

55 「世界難民日 15 年難民不減反增」,聯合新聞網,檢索於 2016 年 9 月 3 日,http://udn.com/news/story/6947/941200。

56 基本上,「2015 年的總數比前一年增加了近 10%,6,500 多萬人的數字意味全球平均每分鐘就有 24 人淪為難民,每 113 人當中就有 1 名難民。如果全球難民組成『國家』,人口總數比英國還要多」,請參見「全球難民逾 6 千萬人創歷史新高」,中時電子報,檢索於 2016 年 9 月 3 日,http://www.chinatimes.com/realtimenews/20160621001013-260408。

57 「『世界難民日』六千萬難民問題引發全球關注」,蘋果日報,檢索於 2016 年 9 月 3 日,http://www.appledaily.com.tw/realtimenews/article/new/20150620/632693/。

58 「『難民潮』難倒西方」,聯合新聞網,檢索於 2016 年 9 月 3 日,http://udn.com/news/story/6846/1436935。

難民危機。但是歐盟各國不理協議處，而自行加入新的邊境管制條例。[59]

五　代結語：未來全球治理

　　目前，「全球治理」面臨的挑戰為何？主要有三個層次的議題，首先是「國家治理」問題，由於國際政治的基礎還是在於主權國家身分平等的前提上，任何涉及國家內部事務，都有干涉內政侵犯主權的疑慮；其次，在於「全球治理」涉及多個政府或是非政府機制的整合問題，本質上是國內問題，無法透過國際機構制定規則來加以解決。[60]第三，資源問題。

　　易言之，如果要將國內問題「國際化」，就必須要有不同政治與非正式的「機制」來加以協調完成。

　　此外，「全球治理」涉及「治理」與「善治」如何兼顧的問題。因為，「善治」（good governance）係指讓「公共利益」最大化的「社會管理過程」。同時，「治理」也牽涉到「權威」是否「適用」或是「執

59　「【歐洲難民潮】各國拒收難民　希臘成樽頸瀕爆人道災難」，香港 01，檢索於 2016 年 9 月 3 日，
　　http://www.hk01.com/%E5%9C%8B%E9%9A%9B/10133/-%E6%AD%90%E6%B4%B2%E9%9B%A3%E6
　　%B0%91%E6%BD%AE-%E5%90%84%E5%9C%8B%E6%8B%92%E6%94%B6%E9%9B%A3%E6%B0%
　　91-%E5%B8%8C%E8%87%98%E6%88%90%E6%A8%BD%E9%A0%B8%E7%80%95%E7%88%86%E4
　　%BA%BA%E9%81%93%E7%81%BD%E9%9B%A3。
60　Dani Rodrik，「虛假的經濟承諾：『全球治理』只是保護既得利益全球計劃的代名詞」。

行」的問題。主要在於「全球化」帶來許多「機會」，也帶來相當多的「風險」，並非每一個國家都能從全球化中得利，一些發展上的不公平、不均衡的現象持續出現，才會出現所謂的「衰敗國家」，成為未來「全球治理」的最大問題。

基本上，目前「全球治理」組織以「聯合國」為例，不管在全球安全、經濟與社會方面扮演重要角色。但是，面對「全球新興議題」：傳統與非傳統議題的交互作用，單一國家往往無法因應此方面的挑戰，並須多邊方式，從國際組織層面著力，或是由「非政府組織」來扮演協助性角色。

至於，台灣目前參與國際組織與活動，最大的困境在於中國大陸基於「一個中國」的政治性考量，阻止台灣參與任何以主權國家為單位的國際組織。蔡英文總統在其就職演說中的「第五，外交與全球性議題方面」，特別強調參與國際事務的重要性，例如全球性新興議題的國際合作包括：人道救援、醫療援助、疾病的防治與研究、反恐合作，以及共同打擊跨國犯罪。[61]換言之，台灣參與國際組織的型態將從「有意義的參與」轉變為「有意義的貢獻」，積極參與「世界衛生組織」

---

[61] 關於全球議題方面，其原文如下：「我們會積極參與國際經貿合作及規則制定，堅定維護全球的經濟秩序，並且融入重要的區域經貿體系。我們也不會在防制全球暖化、氣候變遷的議題上缺席。我們將會在行政院設立專責的能源和減碳辦公室，並且根據 COP21 巴黎協議的規定，定期檢討溫室氣體的減量目標，與友好國家攜手，共同維護永續的地球。同時，新政府會支持並參與，全球性新興議題的國際合作，包括人道救援、醫療援助、疾病的防治與研究、反恐合作，以及共同打擊跨國犯罪，讓台灣成為國際社會不可或缺的夥伴。」請參見「蔡英文總統就職演說中英文全文」，中央通訊社，檢索於 2016 年 8 月 19 日，http://www.cna.com.tw/news/firstnews/201605205012-1.aspx。

（WHO）、「世界衛生組織大會」（WHA）、「國際民航組織」
（ICAO）、「聯合國氣候變化綱要公約」（UNFCCC）以及「國際刑
警組織」（INTERPOL）等機構的活動。[62]

　　此外，台灣就要善用既有的「非政府組織」，發揮台灣「軟實力」
的優勢地位，來強化國際空間與國際事務的參與。在聯合國組織架構
中，其所屬的「經社理事會」（ECOSOC）共有二千三百個非政府組
織，都與聯合國建立正式諮詢與聯繫關係。台灣可以透過取得具有諮詢
地位的國際 NGO 的代表身分，然後去參與聯合國 NGO 會議與相關活
動，[63]例如透過「國際世界展望會」參與聯合國的「世界糧食組織」計
劃，將糧食提供給貧窮國家，讓台灣的愛心能進入聯合國的社會以及全
世界的扶貧行動裡。[64]

62　「台灣將以有意義的貢獻來參與國際組織」，VOA 美國之音，檢索於 2016 年 8 月 18 日，http://www.
voacantonese.com/a/reactions-on-taiwan-joining-international-organizations/3467119.html。

63　「NGO 讓世界看到台灣」，天下雜誌，檢索於 2016 年 9 月 3 日，http://www.cw.com.tw/article/article.
action?id=5011334#。

64　「台灣 NGO 活躍政府應借力使力」，自由電子報，檢索於 2016 年 9 月 3 日，http://news.ltn.com.tw/
news/focus/paper/987382。

問題與討論

一、「全球化」與「全球治理」兩者概念如何區隔？「全球化」如何驅動「全球治理」發展？

二、請問同學「全球治理」是否可以取代「國家治理」？或是「民族國家」的「單一主權」統治已經面臨何種「瓶頸」？

三、「全球治理」與「國際組織」的「治理」有何不同？如何區隔兩者的相互關係？又聯合國及其附屬組織的前景如何？

四、由於北京的「一個中國」政策，使得台灣有限參與國際空間，請問同學我們如何透過「全球治理」概念，擴大台灣的國際事務參與？

五、未來是否會出現處理「全球治理」的超國家政府機制？如何衝擊現有全球與區域國際與「非政府組織」的運作？

3

Chapter 李志強

經濟全球化

一　前言

　　從 1990 年代以來，全球化逐漸成為先進國家的發展目標，自 2000 年後更有加速發展的趨勢，成為 21 世紀初一股強勁的時代潮流。不但代表著各國人民日常生活的每個層面，包括經濟、政治、社會、文化等開始密切聯繫，也表示著各國相互之間的關係日益不可分離。就目前的發展現狀來看，全球化最澈底的領域表現在經濟層面，或稱之為經濟全球化（Economic Globalization）。對於經濟全球化的擴散，世界各地普遍有支持與反對兩種涇渭分明的態度，因為經濟全球化對不同國家和不同階層帶來的利益分配並不均等，且其效應都是利弊互見，受益者和受損者又往往是相異的人群，因此各界對經濟全球化的發展一直存有爭議。本章將首先介紹經濟全球化的定義，及其對全球關聯性所造成的現象，然後分析其形成的背後原因，接著再探討經濟全球化對已開發國家及開發中國家所產生的正反面影響，包括導致國際與國內貧富差距擴大的問題，最後並提出紓緩貧富差距惡化的途徑。

二　經濟全球化的定義

　　經濟全球化是指各種經濟活動例如貿易、投資、金融、生產等超越了國家界限，以全球為活動範圍來進行，這有別於傳統上經濟活動都限於一國或一國鄰近地區。在經濟全球化的過程中，傳統的地域分界被打

破了；過去企業一般都從本國籌集資金，聘用本國的勞工從事生產，並以本國市場為主要銷售對象。但在經濟全球化的架構下，國家界限已被企業的跨國經營所突破，除土地以外的各種生產要素，包括勞動、資本、企業家精神以及技術都可以在全球不同地方作最佳的資源配置，使得全球各國的經濟活動相互聯繫和依賴。而經濟全球化的推動過程，是以市場經濟（Market Economy）為基礎、已開發國家的跨國企業為主角、先進科技和生產方式為手段、追求最大利潤為目標，透過對外投資、國際貿易和要素流動等，形成國與國之間的分工與合作。經濟全球化可說是當生產和國際分工高度發展後，經濟活動進一步跨越種族和國家疆界下的產物，是現代國際經濟的重要特徵之一，也是近代經濟發展的重要趨勢。

三　經濟全球化的現象

⊖　生產全球化

傳統上國際分工是以自然資源和製成品為基礎，形成經濟部門間或產業間的分工，例如開發中國家出口初級產品換取已開發國家的工業品，或以勞力密集產品交換資本密集產品。在經濟全球化下，生產不再是在同一國家內上中下游企業的分工合作，國際分工轉變成以現代化技術和生產成本為基礎，企業可以因應不同地方的成本與人力資源，去分配不同的生產流程，使原來在一家企業內部進行的設計、研發、零組件

生產、組裝等各種生產環節分布到國外進行，於是上中下游企業可以散布在全球不同地方，形成了生產的全球化和國際生產網路體系，使各國成為全球生產的一部分。由此導致各國的經濟關聯程度提高，分工不只限於產品交換，而是各國企業共同完成一項產品，其中跨國企業日漸成為國際經濟活動的主要力量。

㊁ 貿易自由化

在生產全球化下，不同國家間生產的零組件需要透過進出口貿易集中到某些國家組裝，而且企業也以全球為市場來推廣及銷售其產品和服務，於是推動了國際貿易的迅速發展，為了進一步降低零組件或製成品的貿易障礙，全球貿易的自由化程度因而不斷提高，各種保護措施例如進口關稅、進口配額等也都逐步消除，許多國家的國際貿易金額已占其GDP 的一半以上，代表 GDP 中為出口生產所占的比重非常高，例如台灣越來越專注在資通訊零組件的生產，使得零組件貿易的成長率高於其他製成品貿易。而且國際貿易的商品範圍也不斷迅速擴大，不只生活中的食衣住行，從一般商品到高科技產品，從有形商品到無形服務等幾乎無所不包，最後全球各地的消費者都可以同樣享受到世界各地不同企業的產品和服務，增進了消費者的福利。

㊂ 金融國際化

全球化生產和國際貿易都屬於實體面商品的流通，相對的國際間就會有反方向的資金流動。為吸引跨國企業進入本國投資與適應國際貿易

的擴張，1990 年代以來世界各國加速放寬了對金融市場與外國資本的管制，大幅促進了資本流動的國際化。而且，自由寬鬆的法律與政策環境，加上金融工具不斷創新，電腦、通訊和網路技術的廣泛應用，更刺激了金融活動的全球化。例如透過網路買賣，台灣民眾可投資歐美股市，紐約、倫敦和香港三大金融中心分處美洲、歐洲和亞洲三地，因而形成了時間上相互接續、價格上相互連動的統一國際金融大市場。目前股票、債券、期貨、選擇權等各種金融商品都是以全球市場為基礎來交易，國際投資者可以評估不同地方的風險與報酬做出投資決定，隨時將資金調動到不同國家。此外，歐美金融機構透過大規模的合併、收購與跨業經營，形成集銀行、證券和保險等三大業務的大型金融企業，不但擴大了本身規模，提高市場競爭能力，也在全球各國建立了海外分行以及附屬的金融機構，並與其他銀行組成合資銀行或國際性銀行集團，金融投資的國際化為商品貿易提供了貨幣收支上的便利，反過來又會促進實體面的全球化生產和國際貿易。

四　科技規格標準化

在經濟全球化下，各國的科技產品技術標準越來越趨向一致。一方面由於跨國企業透過其領先的技術，控制了產品的規格標準，塑造出自有規格的產業鏈，壟斷了產業的發展。另一方面，為了方便其進行分工和規模化生產、控制品質、拓展全球市場，於是產品都採用標準化的規格。再者，既然產品及其零組件在多國生產，許多與製造相關的研發必須在工廠內和生產線上才能進行，於是跨國企業把先進技術和研發能力

大規模的跨國界轉移，或跨國界聯合研發新技術，這也有助於製訂統一的全球科技產品標準。以手機為例，過去各廠牌手機上的充電孔都不相同，但現在都統一採用 Micro USB 規格。又例如微軟的 Windows 作業系統，幾乎全球的個人電腦都適用；通訊規格的相容，也使得WCDMA 標準的手機在世界各地都可通用。同時，由於高科技研究開發投入費用高、風險大，往往讓單一企業感到力不從心，於是近年來越來越多新技術是由國際聯合開發而成的。

五 商業法規體系趨同化

　　長期以來主導世界法律的兩大系統分別是英美法系和大陸法系，由於國際貿易及全球化生產的迅速增加，近年來這兩大法系的一個重要特徵就是互相融合，促進世界各國商業法規體系的趨同發展，以免產生不同規定下所導致的經商困擾，因此各國國內的經濟規則也不斷趨於一致。世界貿易組織（World Trade Organization, WTO）的多邊貿易體制框架更使得全球貿易進一步規範化和具備法律基礎，國際貿易法規、商品標準以及合約樣式不但逐步統一和規範，電子化貿易也越來越普及，電子資料交換（Electronic Data Interchange, EDI）、電子商務（Electronic Commerce, EC）、電子貿易撮合（Electronic Trade Matching, ETM）和電子資金轉帳（Electronic Funds Transfer, EFT）等已在貿易實務中大量使用。

四　經濟全球化的成因

一　跨國企業的套利與逐利動機

　　跨國企業的利潤動機是推動經濟全球化的最大動因。由於發展階段不同，各國生產要素的價格在全球不同地區存在差異。在各種生產要素中，土地無法移動，勞動的大量跨境流動也有很多限制。但跨國企業可以透過對外直接投資、生產過程外包等，藉以進行生產要素價格上的套利。例如當 A 國工資和地租都比 B 國高，就有可能發生 A 國工廠遷到 B 國生產同樣產品，以節省生產成本的情況。相較於母國，可供跨國企業對外投資的地區必須具備區位優勢（Location Advantage），意即只與特定地區有關而且必須在這些地區才可加以利用的因素。其中包括兩方面：一是地主國不可移動的生產要素所產生的優勢，如自然資源豐富、地理位置方便、人口或勞動力充沛等。二是地主國的政治經濟制度，例如政策法規完善、稅收優惠而形成的有利條件，以及良好的基礎設施等。

　　區位優勢的存在，為跨國企業在全球範圍內的套利活動提供了空間，於是便有了跨國企業對外投資、技術轉讓以及生產流程的分解與全球配置。在這種全球的套利活動中，跨國公司扮演了主要角色，這是因為跨國公司本身具有所有權優勢（Ownership Advantages）和內部化優勢（Internalization Advantage）。所有權優勢使跨國公司可以憑藉其獨

有的智慧財產權、技術訣竅（know-how）、管理策略以及資金實力，一方面利用開發中國家低成本的生產要素生產產品，再把產品回銷自己國家進行套利；另一方面，又將利潤留在資本稀缺、投資報酬率高的開發中國家逐利。而內部化優勢，又使得跨國企業能夠把生產和銷售活動按照最有利的區位優勢配置於全球各地，並將每一個分支機構及其所聯繫的企業在功能專門化的情況下，組成一個整合的網絡，透過在全球各地的生產、銷售等活動而執行母公司的發展策略。這樣的結果導致國際上的分工實際上是跨國企業本國母公司與國外子公司內部之間的分工。當跨國公司利用優勢而大舉進行全球性套利與逐利活動的時候，事實上就推動了經濟全球化的發展，因此跨國企業無需如以往包攬所有生產流程，組成跨國間的生產網路其效率反而更高。

二 模組化生產推動跨國分工

　　1970 年代以來，模組化生產成為製造業主要的生產模式，不但推動了企業和國際間的分工合作，並助長經濟全球化的擴展。所謂模組化，是指把產業鏈中的所有生產流程按照一定的區塊分割成不同模組，每個模組有其特定功能。例如個人電腦可簡單的分割成主機和螢幕兩個模組進行生產，主機又可分割成主機板、音效卡、顯示卡、中央處理器、光碟機等各區塊，把各模組組裝起來後就成為個人電腦。

　　進行模組化生產的產業必須事先設計好一個統一的系統，每個模組不但要能與系統相容，同時容許一定程度的規格變化，以便組裝後的產

品可以有差異性，能滿足市場上不同的規格需求。例如個人電腦可使用不同速度的中央處理器、光碟機或搭配不同尺寸的螢幕，而且各模組生產流程之間不會相互影響。因此，在模組化生產普及以後，各模組可以由不同的企業或不同地區專業化生產。於是跨國企業為了提高生產力、降低成本，可以根據不同國家的比較利益（Comparative Advantage）進行全球化分工，把部分生產流程外包。在發包的過程中，跨國企業不斷尋找成本更低的公司代工生產，由此將生產流程外包到世界各地，形成了全球化的生產網絡。

三 資通訊技術的進步

過去跨國企業對外投資，與國外子公司的管理與聯繫必須付出昂貴的通訊和交通成本，例如長途電話費、文件傳真費、出國開會的機票及差旅費等。對於現代企業來說，其經營活動範圍，是與其通訊和交通成本的高低相反的，當通訊和交通成本越低，企業就可以擴張到越遠的地方。1990 年代以來，由於通訊和電腦科技的創新與突破、多媒體技術的發展與網際網路的誕生，大大降低了企業的通訊和交通成本，例如 e-mail 取代了航空信件，視訊會議替代了出國開會。智慧型手機普及後，只要付出低廉的上網費用，國外子公司在任何時間和地區都可以透過免費的通訊軟體如 Line、Facebook 等與總公司聯絡。所以對有意進行全球擴張的企業，其經營範圍可以到達全球各地，相關的跨國貿易、金融及生產活動也變得更為便捷。

四 各國經濟體制的趨同

　　自 1979 年中國大陸開始推動經濟改革，以及 1990 年代初蘇聯瓦解後俄羅斯與東歐紛紛進行經濟轉型，這些前社會主義國家都先後放棄了國家主宰一切的計畫經濟（Planned Economy），並認識到只有轉型為市場經濟體制，才能加快本國經濟發展的速度、提高本國資源的使用效率和國際競爭力。另一方面，西方國家也進一步往深化市場經濟體制方向邁進，1980 年代英美新自由主義逐漸興起，英國首相柴契爾夫人主張「讓政府撤出市場」，推動包括國營企業私有化、縮減政府開支等政策，美國總統雷根也廣泛推行減稅減支、鼓勵私人企業競爭、放鬆政府管制等經濟自由化的改革。所以不管是起源於前蘇聯的社會主義國家，還是傳統資本主義的英美，都不約而同的走上了向市場經濟轉型或深化的道路，由此而導致世界各國在經濟體制上的趨同，消除了商品、生產要素、資本以及技術在國際間流動的體制障礙，為經濟全球化提供了統一的經濟體制基礎。

五　經濟全球化的影響

一 正面影響

1. 使得全球成為一個龐大的競爭市場，提升經濟效率

　　過去由於地理、資訊、政府管制與市場封閉等各種限制，一國的經

濟活動大多只局限在其國內，不易透過他國擴大市場與享有規模經濟的效益。經濟全球化後導致空間距離極大的縮短，產地之間地理距離所形成的天然競爭界限已失去了意義，一國的經濟活動可以延伸至海外，進一步擴大了生產和消費市場，逐漸使全球成為一個統一的龐大市場，世界各地企業彼此都是潛在的競爭者。尤其是電子交易系統的出現，令市場可以不分晝夜地運作，消費者可以透過電腦與手機等現代資訊和通訊工具，從網路獲取大量產品和消費訊息，以 PayPal 或支付寶等國際交易系統進行跨國購物，於是商品、服務、資金和訊息的流通比過去更為自由，因此各國面對更為激烈的國際市場競爭，必須努力改善生產經營活動，降低成本，提高效率，才能立於不敗之地。同時，激烈的國際競爭還會刺激新技術的研究與開發，使科技成果在全球更快地轉化為實際的生產力，刺激全球經濟的成長。此外，在經濟全球化的過程中，外商直接投資和技術轉讓這兩方面的相互作用和相互促進，企業間的關係也不再是限制在貿易關係或合資方式，而是包含技術合作和委託代工（Original Equipment Manufacturer, OEM）等中間型態在內的多元化關係，這都促成全球產業結構不斷得到調整和升級。

2. 有助資源在全球作最適配置，促進經濟成長

　　在經濟全球化下，各國可以根據本身所擁有的資源稟賦，透過國際市場的運作，按照比較利益法則（The Principle of Comparative Advantage）發揮自己特有的優勢，達成全球化分工與自由貿易，不但節省生產成本，並使各國的資源獲得最有效率的使用，促進全球的經濟

成長。例如資本充裕、勞動缺乏的已開發國家可以透過其跨國企業投資於資本缺乏、勞動充裕的開發中國家，在國際經濟活動中進行優勢互補，促進雙方的經濟利益。

A.已開發國家得到的利益

(A)跨國企業可以利用開發中國家的廉價土地、原物料和勞動力，把低附加價值的產品或零組件生產階段外移到當地，建立其全球生產的供應鏈，不但可以降低其生產成本，生產基地也較為靠近海外市場，降低運輸費用，以增加其全球競爭能力及獲利率，並減少工業生產造成對本國的環境汙染。

(B)跨國企業再把在開發中國家生產的低成本產品回銷母國，減緩通貨膨脹的問題，讓母國人民維持高收入的同時並享有價美物廉的產品。並藉由低成本零組件的回銷提升母國產品外銷價格的競爭力，拓展國際出口市場，同時讓跨國企業全球市場擴大。

(C)開發中國家因大量外資進入，經濟成長加快，等到人民所得上升後，其內需市場逐漸擴大，跨國企業因長期進駐，擁有在地化的優勢，此時可把銷售目標從海外轉移回開發中國家，拓展當地的內需市場，增加營收和獲利。

(D)已開發國家專注發展需要資本和技術優勢的高附加價值產品或生產階段，促進國內產業升級，增加產品的國際競爭力，開發中國家則

專注在需要勞動和土地優勢的初階產品與產品組裝階段。在以上產業結構調整的過程中，已開發國家能夠繼續保持住產業領先的優勢地位。

B.開發中國家得到的利益

　　(A)開發中國家由於處於貧窮或小康的經濟發展階段，連溫飽都成問題，國內儲蓄嚴重不足，無法作大幅投資。在經濟全球化趨勢下，可以利用外國資金，吸引跨國企業進來投資，以彌補本國資金的不足。

　　(B)跨國企業在開發中國家投資不但給帶來了資金，而且通常集中在製造業，設立廠房和生產線後也增加了地主國土地使用和就業的機會，使原本處於閒置的土地和勞動力達到充分運用，降低開發中國家的失業率。

　　(C)除資金外，開發中國家尚缺乏管理能力、技術和人才，原先只能發展農業和資源性產業。跨國企業可帶來較先進的管理經驗、生產技術和高階人才，有助開發中國家工業化的發展和現代化，加快其國內產業結構的調整和升級。本國企業則可透過與外商合作的過程從中學習與模仿，提高企業和產業的經營水準。受雇於外商的本國員工也得到適當的教育訓練，提升其勞動生產力。

　　(D)由於開發中國家所得較低，消費市場疲弱，必須依靠國外市場帶動其經濟成長，而跨國企業本來在國際上就有市場和銷售管道，到開發中國家投資等於為該國帶來了訂單，由於跨國企業大都從事加工出口

業，透過外商投資可拉動開發中國家的出口成長，促進其經濟發展。

負面影響

1. 擴大國際間的貧富差距和不平衡發展

經濟全球化雖然讓生產要素得到更有效率的運用，可使全球所得全面性增加，但各國所得增加的速度有別，這就形成了國際間貧富差距擴大的情況。由於已開發國家在經濟發展方面居於領先地位，憑藉其在資本實力和科技上的壟斷優勢，通常在全球分工過程中要比開發中國家獲得更大的利益。這種產業的垂直分工結構可以用微笑曲線（Smiling Curve）來表達，在圖 1 如果以縱軸表示生產流程中的附加價值，橫軸代表研發、製造和行銷等上、中、下游三種生產流程，不同生產流程的附加價值高低看來就像一張微笑的嘴型，所以稱為微笑曲線。曲線可分成左、中、右三段，左段對應的企業行為是技術與專利，中段為組裝和製造，右段為品牌及服務，由於附加價值高低直接影響到獲利，因此微笑曲線的左右兩段獲利水準較高，中間段獲利水準較低。以個人電腦為例，位於上游階段開發中央處理器的英特爾（Intel）與研發視窗（Windows）作業系統的微軟（Microsoft），以及屬於下游品牌經營和售後服務的惠普（HP）、戴爾（Dell），其經營活動的附加價值都較高，所以利潤率最高，而中游負責組裝的廠商因為附加價值最小，利潤率也較低。當然，利潤率也和進入門檻的高低與競爭程度有關，技術與專利、品牌及服務的進入門檻高，競爭者少，因而利潤率高；反之組裝和製造的技術要求較少，進入門檻低，所以競爭者多，利潤率較低。

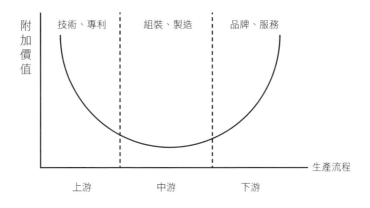

圖 1　微笑曲線

隨著模組化的發展，跨國企業會把每個生產流程加以分割，再根據各國的比較利益安排分工。開發中國家的勞動與土地屬於初級且是豐富資源，替代性高，能參與國際分工的部分僅限於附加價值最低的組裝、製造部分，所以分配到的利潤較少。反之，已開發國家把技術與專利、品牌及服務留在本國，這些需要資本和技術的經營活動缺乏競爭者，因此分配到的利潤較高。加上開發中國家之間的競爭日益激烈，競相削價爭取已開發國家的組裝訂單，導致利潤空間進一步縮小，因此微笑曲線的底部日漸往下降低。即使已開發國家和開發中國家每人平均國民所得的相對差距日漸縮小，但絕對差距依然進一步擴大，國際間貧富的懸殊會加深全球經濟發展的矛盾。例如開發中國家希望保護國內市場以培養自己的幼稚工業，或透過貨幣貶值增加出口來加快經濟成長，而已開發國家則要求開發中國家開放市場或不得操縱匯率，於是國際之間的貿易

戰、貨幣戰接連不斷,並波及到全球經濟的穩定。

2. 擴大國家內部的所得不均與經濟矛盾

　　經濟全球化可以提升貧窮與富裕國家的平均所得水準,但卻無法解決國家內部的分配不均和個別貧窮的現象。全球資源的重新配置只增加了生產總量,然而各國及國內人民得到的利益並不一定相同,這跟經濟成長未必帶來所得分配均等的情況一樣,而且還造成某些經濟問題,因此參與經濟全球化的國家都要付出一定的代價。

A. 已開發國家付出的代價

　　(A)由於資本的跨境移動比勞動更為容易,開發中國家又往往以減免賦稅或其他優惠政策吸引跨國企業投資,給予資本更多套利的機會,造成已開發國家擁有資本的企業家與勞動者之間財富差距擴大。尤其是跨國企業不斷對外擴張,透過擴大規模降低成本,更進一步提高其國內外的市場壟斷力,造成後來者無法進入市場,不但壓縮了在地中小企業的發展空間,也降低本國勞動者創業成功的可能性。

　　(B)已開發國家的勞力密集產業外移後,該類產業受雇員工將面臨失業的困境。即使本國往高附加價值產業發展,但由於產業性質不同,尤其高附加價值產業需要更高階的人力,人力資源的重新培養並不容易,勞力密集產業的低技術勞工難以移轉至高附加價值產業,於是已開發國家的失業率會因而上升。

(C)已開發國家產業升級後對高技術人力需求大幅增加，因而高技術人力的薪資提高，但勞力密集產業外移後，對低技術人力的需求大量減少，尤其是透過全球化生產，跨國企業更可減少對本國工人的依賴，並且削弱他們的議價能力，因此仍受雇的低技術勞工其薪資停滯甚至被迫減薪，形成富者越富，貧者越貧的局面。

(D)當勞力密集產業外移後，已開發國家內新產業或高附加價值產業若未能及時發展，可能會產生青黃不接、產業空洞化的問題，導致經濟發展停頓，此時高技術人力的工作機會也將減少。當本國缺乏投資機會，更會導致資金淨流出，經濟景氣將越趨低迷，本國所有勞動者都會受到衝擊。

B.開發中國家付出的代價

(A)當跨國企業投資開發中國家，由於其產業較先進，會增加對當地較高技術勞工的需求，加上這些勞工在高效率的跨國企業工作，生產力得以提升，因此其薪資增幅較其他本國低技術勞工為高。且開發中國家的法律和制度落後，外商要投資往往必須與當地政府官員合作，有官方背景或官方支持的在地大型企業較易取得生產合約，最後利益大都流入這些既得利益集團，導致國內所得分配不均上升。

(B)開發中國家的勞動及環保法例較為寬鬆，是吸引跨國企業的原因之一。但當已開發國家的汙染性產業移入後，會造成生態環境惡化，而這些破壞並非幾年間可修復。長期的耗用資源，一旦本國土地和勞動

力耗盡，價格不再便宜時，外商往往不會在當地進行產業升級，而是遷往其他開發中國家繼續維持低成本生產，本國資源將耗盡。

(C)全球化增加了開發中國家對已開發國家的依賴，經濟獨立性降低，在國際經濟或政治事務上必須聽命於人，在制訂政策時往往需要向跨國企業讓步，以避免外商遷離本國，造成經濟損失。例如要開放國內農產品市場給歐美，導致農民成為弱勢階層。此外，經濟的誘因使開發中國家的政府部門，難以有討價還價的能力，對於跨國企業剝削本國勞工的問題，也往往採取息事寧人的態度。

(D)跨國企業往往是整條產業鏈一起到開發中國家投資，這種投資方式有利於跨國企業在短時間內在地生產，減少尋找當地供應商的成本，維持其原來產品品質不會因移地生產而下降，然而當地企業打不進產業鏈，對開發中國家產業的實質技術提升有限。表面上開發中國家產業結構改善了，實際上關鍵技術仍由外商把持，形成經濟殖民的型態。

3.擴大全球經濟與金融的波動風險

當金融市場全球化後，一國的股市下跌，會引發投資人出售他國股市尚未下跌的股票以避免損失，於是骨牌效應使某一國的經濟事件迅速且大幅的影響到其他國家，尤其金融面的波動往往會引起實體面的衝擊。加上金融自由化後，在國際市場上套利的熱錢不斷累積，這些國際資金的規模之大、流動速度之快，已超越了國家和國際金融組織的權力和能力所及的範圍，其產生的衝擊可以擴散到全球各地。例如 1994 年

墨西哥的金融危機、1995 年英國霸菱銀行的倒閉，1997 年的亞洲金融風暴、2000 年美國的科技泡沫、2008 年美國的雷曼事件引起的金融海嘯等，都對全球經濟造成不同程度的傷害。特別是 2008 年的金融海嘯重創了美國經濟，由於美國是全球最大的消費市場，美國景氣衰退會減少對他國進口品的購買，最終造成全球性生產衰退。2009 年歐巴馬政府推出量化寬鬆（Quantitative Easing）的貨幣政策，大量增加美元的發行，導致國際上貨幣泛濫，引發了大宗物資價格飆漲與大中華地區房地產泡沫化，但對實體面僅有短期的刺激效果，至今全球經濟仍然低迷。

六 紓緩貧富差距惡化的途徑

一 開發中國家應致力改善經濟結構

　　經濟全球化下，開發中國家由於資源集中在低階勞動與土地，加上技術低落，只能在全球分工中從事組裝、製造階段或甚至單純提供自然資源，因此利益分配遠少於已開發中國家。一般而言，開發中國家因所得基期低，在發展過程中可享有較高的經濟成長率，雖然縮短跟富裕國家的相對差距，但絕對差距仍不斷擴大。因此開發中國家應積極利用在經濟全球化過程中的發展成果，改善內部經濟結構，提升技術水準，往微笑曲線的左端或右端位置邁進，擺脫一直停留在代工的困境，才能享有永續成長，持續縮短與富國的差距。具體做法主要是先鼓勵儲蓄以累積金融資本，再投資在有型資本和人力資源，例如引進先進設備，加強

國民教育，改善資源稟賦，同時採取進口替代措施，培養本國高階產業，並積極投入研發活動和各種制度改革。

⊜ 重新培訓人力和制定平等的社會保障及所得政策

經濟全球化會增加世界各地勞動力有形或無形的競爭壓力，不但迫使已開發國家產業轉型與升級，也推動開發中國家的工業化，造成高階人力薪資上升而低階人力收入下降，形成貧富差距惡化的問題。因此不論是已開發國家或是開發中國家都應該提升人力資源水準，把低階人力重新培訓成高階人力，提高其就業機會和生產力，以適應經濟全球化需求的先進技能。不過人力的重新培訓並非短期內可實現，在這之前，各國應制定平等的社會保障及所得政策，使經濟發展的成果為全民所分享，例如持續建構與健全社會安全網、提供勞工職訓津貼與失業給付等。在許多中等所得國家，所得分配不均是成長階段早期無法避免的問題，但由於民主化進度緩慢，政策由少數政要把持，既得利益者又常常阻擾社會結構、價值觀念和權力分配等各方面的變革，例如不推行普及教育，導致經濟全球化的利益只有少數人享有，因此政治結構與社會制度的改革對改善開發中國家的收入分配也很重要。

七　結論

由於世界各國資源稟賦與經濟發展程度的差異，已開發國家跨國企業投資開發中國家所形成的全球產業分工，是市場力量驅動下的必然結

果，並促進了經濟全球化的發展。整體而言，國際間的產業分工增進了各國的經濟利益，透過跨國企業資本流入開發中國家，已開發國家不但可以專注在高附加價值產業的發展，實現生產上的規模經濟，提升國際競爭力，同時還可繼續享有開發中國家提供的廉價勞動力和土地帶來的成本優勢。開發中國家也得以改善資源結構和使用效率，利用外國資金和技術推動工業化。如果沒有跨國企業的投資，開發中國家勢必減少一股產業成長動力，也很難獨自打進全球產業鏈，成為國際產業分工中的一員。

　　跨國企業赴開發中國家投資是已開發國家產業結構調整的一環，是一種產業間汰弱留強的良性發展。即使政策上要抗拒經濟全球化，在貿易自由化下的今天，喪失比較利益的產業也無法在一國內長期生存。在參與經濟全球化過程中，一國的經濟利益有得也有失，但得失通常是不同的階層或產業，因此即使得大於失，也必然有人反對全球化，尤其是經濟利益受損的階層或產業。已開發國家產業外移後，非技術的勞動階級受害最深，直接或間接導致失業率長期惡化，這使得社會大眾對工作的不安全感越來越強烈。此外，經濟全球化衍生出來的所得分配惡化等問題，各國都必須加以重視。一方面要透過強化人員培訓，提升低技術人力的技能水準，另一方面各國也要改善投資環境，提高內部投資，才能降低弱勢族群對經濟全球化所產生的疑慮，營造出和諧的社會氣氛。如果利益能夠讓社會各階層廣泛分享，經濟全球化的持續深化才能走得更廣更遠。

問題與討論

一、經濟全球化會導致一國的貧富差距擴大，但如果沒有經濟全球化，貧窮者的生活是否較佳？開發中國家又如何獨自發展經濟？

二、試舉出在食衣住行等日常生活中來自國外的跨國企業，這些跨國企業對台灣的經濟發展有何利弊？

三、在經濟全球化的過程中，台灣有沒有經歷貧富差距擴大、失業率惡化等負面影響？台灣企業有沒有成功升級，擺脫組裝與代工，往微笑曲線左右兩端移動？

四、蘋果的 Iphone 手機是國際產業分工下的產品，試以 Iphone 為例，分析美國、中國大陸與台灣的經濟利益分配問題。

4

Chapter 蔡錫勳

經濟全球化：以日本經驗為例

一　前言

明治維新以後，日本因對抗西方列強殖民地主義而達成近代化。第二次世界大戰後，在重視經濟、輕武裝路線的吉田主義之下，日本成為世界第二大經濟國，其發展模式受到各國讚揚與學習。然而冷戰結束後，美國主導的全球化使日本陷入長期停滯，被形容為「失去的二十年」，日本模式備受質疑。「再生」[1]成為日本最重要目標，也是各政黨的政策要點。日本企圖超越成長極限，創造先進國家希望達成之新成長模式。

二　日本第一

日本戰後復興的旗幟是追趕超越美國，當時的吉田茂首相以卓越政治領導力奠定日本經濟奇蹟的基礎。日本政府選擇自由市場經濟，合乎國民厭惡戰爭，希望民生富有的心願。民意基礎為提高首相發言力和執行效率的指標。日本在 1956 年正式宣布「已經不是戰後」，充分表明完成戰後復興，其經濟亦於 1968 年成為世界第二大經濟國。

戰後復興中，如《官僚たちの夏》（官僚們的夏天）所示，官僚貢獻很大。他們主要以美國為學習對象，奠定許多產業政策，並加速產業

1　再生為日文漢字，為了保有原意，在此刻意不硬翻成中文。

升級。日本是工業革命的優等生，很快地追趕上歐美先進國家，享受物質豐富的生活。當日本成為先進國家之後，官僚角色縮小，負面評價增加。前經濟產業省官僚古賀茂明的《日本中枢の崩壊》（日本中樞的瓦解）論述，官僚重視保護本身省廳利益，「天下り」[2]經常被批評。

哈佛大學 Ezra F. Vogel 教授在 1979 年撰寫的《日本第一》（Japan as No.1: Lessons for America）為論述戰後日本奇蹟之代表作品。然而大家卻常忽略了副標題「給美國的啟示」，把「as」當成「is」，誤以為此書主張日本經濟是世界第一，但其實不然。仔細研讀後，其內容第一部分為：日本的挑戰（美國的借鏡、日本的奇蹟）；第二部分為：日本的成功（集體追求新知、政府強而有力的指導和民間自主性並重、政治重視綜合利益與合理的分配、大企業重視員工的整體性、基礎教育著重在高品質與機會均等、社會福利、犯罪率的控制）；第三部分為：美國的應對（西方該從東方學習什麼）等。因此，《日本第一》並非主張日本是世界第一的經濟大國，而是論述日本在各領域中其卓越成就，藉此希望讓美國人認真去了解日本，汲取日本的長處。不過，《日本第一》此書確實變成日本人驕傲的代名詞。

日本的經濟大國地位建立在冷戰結構上。當時許多東亞國家處於戰亂，無法全力發展民生工業。日本主要依靠 Made in Japan 的製造業創造出經濟奇蹟，產品的高品質為其競爭優勢。日本經濟停滯的主因是起

2　「天下り」中譯為「下凡」，是指官僚退職後轉任外圍單位或民間企業要職的情況。

於 1980 年代的世界經濟結構大轉變，東亞國家製造業的低工資挑戰著日本國內優勢。進入 21 世紀，世界經濟趨向多極化發展，新興國家勢力的抬頭。中國領頭，而美國影響力相對地縮小。由於現在 G8 力量不足以解決世界問題，而必須加入新興國家，出現 G20 即為其現象。

中國於 1978 年起追求改革開放的努力業已開花結果，現在從世界工廠轉型成世界市場。2010 年，日本穩坐了 42 年的世界第二大經濟國寶座第一次拱手讓給中國。中國經濟成長被讚揚的景象，也曾經出現在 1980 年代的日本身上。泡沫經濟破滅後，日本一蹶不振，陷入失去的二十年。

「課題先進國」的日本希望成為「課題解決先進國」，創造新的成長模式。日本的經濟成長分為飽和型需求和創造型需求。為在有限的地球環境中推展文明的結果。先進國家的一般民眾確保了食衣住行與長壽。21 世紀前半，全球各國幾乎都會達到相同目標。當物質不再匱乏時，我們想要什麼？當數量獲得滿足時，就會開始追求品質。人工產物達到飽和之後，能源效率更為提升，不僅克服公害，更進一步追求優質生態體系。1970 年代之能源危機，日本以節能克服困難，創造世界第一的製造技術。今後，以節能克服困難，開創全球最舒適的日常生活。缺乏地下資源，但具備文化與技術之日本擁有好機會，轉變為 21 世紀之嶄新成長模範國家[3]。

3　小宮山宏 2013 年 10 月 18 日在台北「超越成長極限——為實現白金社會之創新」的演講內容。

三　安倍經濟學

　　2012 年 11 月中旬，野田佳彥首相宣布解散眾議院之後，安倍經濟學就開始發酵。安倍經濟學包含大膽的金融政策、靈活的財政政策、鼓勵民間投資等三支箭。大膽的金融政策與靈活的財政政策僅為引端，所帶來的景氣回升成效不過是短暫的。而成長戰略正是掌握安倍經濟學成功的關鍵（圖 1）。

　　2013 年 5 月 17 日，安倍首相召開「成長戰略第 2 波演說」，論述「從日本走向世界」及「世界接納日本」之雙向重要性。實現「從日本走向世界」的關鍵即是「將日製卓越的系統、技術推廣至全球」；「世界接納日本」則是「運用全球的技術、人才與資金以促進日本的成長」。

　　政府在各白皮書中屢次指出海外發展為重要政策課題。例如 2010 年在《通商白書》的副標題即為「開國，與亞洲共同成長之日本」；2011 年版的副標題則為「跨越震災，面對全球性經濟網絡的重建與強化」；2012 年為「與世界接軌，擴展新國境」。2013 年版出現「第 I 部　提高生產率與展望國際」、「第 II 部　關於我國（日本）致力於國際拓展中的應有現狀」等目次。

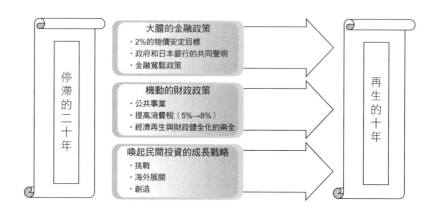

圖 1　舊三支箭

　　2011 年日本 311 大震災所引起的福島第一核能電廠災害事故，日本欲擺脫核災威脅的同時，必須兼顧安定供電、合理電價及能源安全保障。將來完全依賴再生能源是理想，但是切忌過度期待再生能源。此能源需要時間來克服發電量效率與不穩定、高成本、技術革新等問題。

　　從另一角度來看，電費上漲與電力供給不足的問題，可以促進產業結構改造與新科技發展。日本相當期待將再生能源成為核電替代方案，種類包含太陽能、風能、地熱能、海洋能、生質能等。然而其發電效率不高，供電量不穩定，技術開發速度的不確定性，與外國競爭是日本再生能源產業所面臨的四大問題。中國在太陽能產業能夠獲得擠進世界前幾名的技術力，相當部分必須歸功於日本和歐美的專業技術人員、材料和設備業者。再加上於歐美學得專業技術的留學生回國發揮所學，也貢獻良多。

再生能源發電量受到天候影響，例如太陽能受到白天、晚上、晴天或陰天左右，所以發電量多時必須蓄電以利提供發電量少時使用，為確保穩定供電。而日本豐富的地熱能面臨兩大問題。第一，許多地熱能分布於國家公園內，法令鬆綁與環境保護的兩全必須解決。其次是溫泉文化。地熱能區有許多溫泉旅館，若是將地熱能開發成發電，將會衝擊溫泉旅館的水量。

蓋核電廠是國家政策，廢核電廠也是國家政策。至今為止，日本知道如何蓋核電廠，卻不知如何廢核電廠。推動核電廠的主因是 1970 年代二次石油危機所引發能源安全保障問題，近年來則是貢獻於減少 CO_2 排放量，特別是鳩山倡議提出刪減 CO_2 排放量 25% 之目標。311 大震災之前，關西地區配合國家政策，大幅地利用核電，是國家和媒體評價為減少 CO_2 排放量的優等生。311 大震災之後，評價標準則改為減少核電依存之新標準，關西地區反而成為落後生。

為了彌補停止使用核電廠所產生的電力不足問題，「不要核電，就得省電」成為國民共識。日本必須依賴火力發電，則無法顧及 CO_2 排放量問題，能源安全保障問題也因日本國內災後復興重建優先處理，而暫時不受媒體報導。只是火力發電所需要的石油、天然氣或是煤炭幾乎都是仰賴進口，成本高且變動性大。因此，反核電行動幾乎等於贊成調漲電費。最後安倍政權在安全為最優先的情況下，重新開始啟動核電廠發電。

　　電費上漲與電力供給不足的限制不僅對民生，更對製造業競爭力產生衝擊，部分企業必須移往台灣、韓國、中國、東協等海外。因此自1980年以來，日本貿易赤字再度於2011年發生。2012年貿易赤字持續擴大，主要原因為受到歐洲債務危機影響，日本對歐洲和中國的輸出減少，進口燃料費用卻又增加。2015年的赤字為2兆8,322億日圓[4]，日本連續5年貿易赤字。在全球石油供給過剩及中國經濟減速使石油價格暴跌，縮小日本貿易赤字幅度，同時也導致2016年初全球股市狂瀉，紛紛瀕臨熊市，日本股市也無法倖免。

四　入亞論

　　一直以來，日本長期經歷著「脫亞論」與「入亞論」的爭論。明治時期政府眼見歐美列強憑藉著引以為傲的工業及軍事實力陸續往亞洲發展，政府為與歐美列強並列，祭出脫亞入歐政策。福澤諭吉的「脫亞論」（1885年發表）以弘揚西方文明為積極提倡之目標，目的係以「脫離落後亞洲行列，朝歐洲列強之一員邁進」為思想與號召。日本藉脫亞論成功邁向近代化，躍居亞洲第一並奠定與西方列強齊名的平等地位。

　　然而，日本的發展並無法脫離與亞洲之間關係。歷史上日本與古代

4　「報道発表平成27年分貿易統計（速報）の概要」，財務省官網。檢索於2016年1月25日，http://www.customs.go.jp/toukei/shinbun/trade-st/gaiyo2015.pdf

東亞交流，因而建立了國家基礎。日本於奈良時代建立第一個律令國家，即是依循唐代文化傳入的結果，歷史上將當時定都於平城京的時代，稱之為隨遣唐使並進的歷史。克服許多困難，成功建國的遣唐使精神也融入於現今日本社會。遣唐使除正使、副使之外，亦包含留學生、留學僧侶、翻譯官、醫師、技師、船員等成員。身負國家建設使命的日本遣唐使，學習當時世界上最先進之唐代的朝政制度和佛教、技術、學問等，跨海橫渡，在航行往返途中也歷經海上驚濤駭浪，賭上性命所引進的知識對促進奈良時代的日本國家建設與文化的發展上貢獻不少。遣唐使將唐代優異的制度、技術與文化等引進日本的舟車勞頓，成就了平城京的璀璨輝煌。不過平城京並非唐化，反倒是將其外來文化融入了日本文化[5]。

　　第二次世界大戰時，日本雖敗給美國，但戰後往親美路線發展。然而不管是以地理位置或是經濟關係而論，日本仍舊是亞洲的一員。日本與亞洲鄰國是一衣帶水的關係。如今日本回歸亞洲的時代潮流趨向與第二次世界大戰結束時終結亞洲殖民統治時期等歷史息息相關。隨著戰爭結束，日本原依附宗主國的資源控制結構瞬息驟變。亞洲各國亦紛紛擺脫殖民統治，朝向獨立與工業化之路邁進。冷戰結束，全球化與 IT 革命促進亞洲加速發展，使當時的開發中國家一氣逆轉成今日的新興國家。

---

[5]　2010 年 8 月 5 日，作者調查於奈良的平城遷都 1,300 年紀念之相關資料。

　　但亞洲新興國的發展並非一帆風順。最大的問題在於戰爭與政局的不穩定，諸如台灣與中國的軍事對立、南北韓的朝鮮戰爭、越戰、中國的文化大革命等，使得亞洲鄰國耗盡不少國力。1980 年代左右，在軍事上的摩擦則轉變成外交上的口頭戰爭。

　　日本在亞洲地區因壓倒性的優異經濟所自豪的時代已逐步走入歷史。鄰近各國的經濟規模一旦擴大，將增加日本對亞洲的貿易依存度與投資金額，這對日本而言，面臨經濟上困境的同時也是處於一種機會。日本亦將重新審視自身位處亞洲的一員，上演「入亞論」之重返亞洲的動向。「繼承亞洲的活力」係日本中央政府或經濟學界於海外發展時的口號。

　　2012 年 12 月，安倍晉三再度成為首相之後選擇東南亞為首次出訪點，2013 年 1 月 16 日搭乘政府專機於羽田機場出發，出訪 21 世紀發展重心的越南、泰國、印尼。安倍政權透過投資、貿易擴增或基本建設等三方通力合作，更加強化與 ASEAN 各國的經濟合作。上述的背景相較日本而言並不單純依附中國，而是於 ASEAN 中取得平衡，正是所謂的「中國加一」。

　　不僅中國，多數亞洲各國亦面臨高齡化的衝擊。過去大量的勞動人口減少，成長逆勢減緩，而勞動人口的減少與儲蓄率的下降因素息息相關，高齡化恐怕將導致加深社會保障的負擔，以及財政與家計難支。無法如同過去的經濟成長般抱以期盼。為維護社會穩定的成本與風險，日

本首開先例委以全體國民共同承擔「負的再分配」。失去人口紅利的日本可謂為亞洲的負面教材，被稱為課題先進國。然而日本是富裕後緊接著面臨高齡化社會來臨的衝擊，在多數亞洲地區卻隨處可見處於「未富先老」現象。

五　台日經濟合作

　　亞洲新興國企業正值邁向世界頂尖企業路線發展之際，反觀日本卻止不住電子業凋零。日本三大家電巨頭——Panasonic、Sony、SHARP面臨的困境即為典型的失敗案例。家電曾是日本經濟基幹產業，如今正處於加拉巴哥症候群（Galapagos syndrome）[6]的課題，也就是「自行進化、離群索居」。日本手機無法成為世界標準是失敗的典型例子。

　　過去歐美企業曾為日本主要競爭對手。但近幾年，卻與鴻海、三星、LG 等台灣與韓國企業品牌成了正面對決的競爭者。加上低成本是東亞企業的優勢，因此中國海爾集團和華為也不容小覷。一直以來，日本企業以東亞為中心往海外遷移量產地。但近幾年，其遷移的時間間隔縮小，原先在日美立足的多數產品也迅速地流向東亞企業，逐漸向成品的削價競爭進展。其背景是技術的數位化與產品構造的模組化，因此技

6　加拉巴哥化原意係指加拉巴哥諸島的生物與周邊隔絕的環境下獨自發展而成的演化。延伸意指日本的技術或服務等，因形成了僅適於日本國內市場獨自的規格與做法，而與國際標準背道而馳。典型案例即是日本的行動通訊市場的發展與國際市場有所區隔的情況下，朝國際市場的發展不甚順遂。

術能力不足的新興國家也容易入門、參與，僅需標準的模組化組成即可滿足一般顧客需求的功能。日本企業錯估數位化的本質，難以發揮其綜合優勢。日本企業即使領導革新，卻因「技術過度快速流傳」而導致無法充分地回收利益。「技術革新得早，產品壽命而短」可一言以蔽之。

在電子業陷入低迷之際，反觀汽車產業則不太受商品化的潮流所影響，其價格水平穩定且躲過價格破壞的風暴。在安倍政權之下，對出口業的豐田汽車來說是再好不過了。然而汽車產業也有看不見的隱憂，隨著電動車的普及，日本的優勢是否繼汽車成了模組型產業後儼然消失的顧慮，席捲全球的日本汽車製造商終有一日也無法抹滅重蹈電子業覆轍的風險。村沢義久的「From big three to small hundreds」理論「小規模汽車廠林立取代既存汽車廠寡占」的情況可能成真。新加入的競爭者不一定是既存汽車廠。

渡部俊也編的《グローバルビジネス戦略》（全球商務戰略）中所提示的「第 1 章　透過技術開發新興國家市場」，日本向來傾向以自豪的專業技術開發海外市場。然而在新興國家市場中，日本產品卻壟罩著過剩品質的問題。自二戰以來，日本企業持續追求重視高品質、多功能化、性能訴求、多樣化的開發。不過即使高品質、多功能化、高性能為優勝於劣，事物卻是有著某種限度的。這樣的研究開發成果對於在日本國內消費市場以外的新興國家消費者來說則變得無所用處。由於新興國家消費者的收入所得不高，追求的即是 Good Enough 的產品。超過消費者需求的品質或功能、性能只會導致高成本的過剩品質。日本對此類

消費者的特點傷透腦筋，一而再、再而三輸給韓國、台灣與當地企業。

全球化、亞洲新興國家勢力抬頭、日本國內市場緊縮、2008 年雷曼衝擊、2011 年日本 311 大震災、福島第一核電廠事故的供電危機、日幣過度升值帶動日本的產業結構變化。日本企業建構著新日本式經營，脫離垂直整合型即其特徵之一。過去，從研究開發到販售的所有作業皆於企業集團內完成的垂直整合及部門主義為日本企業的典型做法。然而這樣的營運模式已不受用於現在的亞洲工業化時代。台灣 Acer 創辦人施振榮提出了替代垂直整合型之營運模式的微笑曲線理論。微笑曲線意即前後兩段位置附加價值高，在中段位置的產品組裝、製造工序則獲利低，而中段位置的角色已被新興國家所占據。2016 年 4 月 2 日，著重低勞動成本的 EMS（Electronics Manufacturing Service）企業鴻海正式以 3,888 億日圓收購 SHARP 66% 股權。

日本企業為了贏得新興國家的大眾消費商品市場，即使大企業也並非具備所有的必要經營資源，這對中小企業來說則更為艱難；因此為避免產品價格昂貴化的過程中與外商的合作關係是不可或缺的。長期以來，台灣為日本的重要夥伴，在未來也很有可能持續維繫著現有的密切關係。由於亞洲新興國家中，華人圈市場持續跨大，在此透過台日貿易聯盟，究明進軍第三國市場之模式（圖 2）。

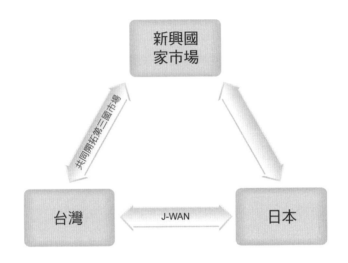

圖2　台日產業合作契機與優勢

　　將耗費能源的產業移往台灣等地是日本解決能源壓力的方法之一。只靠國內解決本身問題的模式有其極限。日本重視亞洲經濟成長，東日本大震災之後，日方更珍惜台日產業鏈互補關係，特別是台灣民眾的龐大自發性捐款功不可沒。高品質・高機能是 Made in Japan 的特色，但是相對於新興國家的大眾消費市場而言則是價格太貴、功能過多並非新興國家消費者所需求而造成的品質過剩。因此，日本和台灣合作生產大眾消費市場製品的模式受到雙方政府的青睞。一般見解為台灣以日本技術或設備為基礎，獲取中國和美國市場，進而達到整體的貿易順差，然而台灣對日貿易赤字卻持續惡化。

　　長久以來，日本中小企業一直依附於大企業，國際化程度不高。隨著大企業逐漸外移，加上國內市場飽和與新興國家市場成長，中小企業

也認知到大環境的改變，必須放眼中國等海外。然而，中小企業擁有良好生產技術，卻對前進海外的知識不多，所以藉由台灣協助，「放眼亞洲，經由台灣，前進大中華圈」是途徑之一。日方期待台灣將日本商品介紹到華人市場的翻譯能力。整體而言，日本泡沫經濟破滅之後，台日合作的四大契機如下：

1. 1990 年代的泡沫經濟破滅
   - 大型企業破產、金融秩序瓦解，日本政府和金融業轉向保守，陷入失去的十年。
   - 日本人消費習慣轉趨保守。

2. 2007 年起的金融海嘯
   - 中國等新興市場成為全球經濟成長動力。
   - 日系大型企業調整營運方向，瞄準新興市場成長機會。
   - 日系中小型企業營運成長受限，極需拓展海外市場。

3. 2010 年兩岸簽署 ECFA
   - ECFA 提供台灣企業拓展中國市場新優勢。
   - 消除日本顧慮中國反彈，而不願和台灣簽署各項協議之障礙。

4. 2011 年 3 月 11 日東日本大震災以後
   - 台灣民眾對日本震災第一時間的龐大自發性捐款。
   - 日系大型企業調整全球供應鏈合作策略，其思維從 Just in Time 轉向 Just in Case。

- 日系企業為了擴大經營規模並且分散風險，開始建構台灣、韓國、中國、印尼等海外備援機制概念。
- 福島第一核能電廠的核災事故傷害 Made in Japan 產品形象，影響出口產業。
- 減核程度與電力供應之兩全難題。
- 再生能源受到重視。
- 台日簽訂投資協議、開放天空協議、台日產業合作搭橋專案、台日專利審查高速公路備忘錄。

台灣政府積極與日本交流，希望成為日商的後援基地，同時共同拓展中國市場，建構台日中新黃金三角，創造三贏。從公益財團法人交流協會出版許多《日台ビジネスアライアンス成功事例研究》（日台商業聯盟的成功事例研究）的研究成果顯示，日方也積極回應與台灣攜手前進中國的合作關係。

對日本來說，確立台灣的地位為順應時代所達成的變貌。OEM（Original Equipment Manufacturing）等角色取代中國的同時也獲得全新的價值。目前，台日企業間的關係由兩國貿易擴大到多國貿易，合作型態逐步多樣化，其合作關係順應國際潮流下共同邁向全球發展。台灣與日本關係的演變則是台灣從廉價的製造成本且擁有高生產技術的合作對象轉變成共同開發，並攜手相互協助朝大中華圈的第三國市場發展的合作對象。

　　日本的商品和服務能夠透過台灣市場更符合華人經濟圈需求，達成中華轉換（Chinalization）。換言之，即是對中國或是台灣以外的亞洲市場試水溫，形成了善用台灣的模式。再者，如同炸豬排飯連鎖店或是甜甜圈連鎖店——新宿勝博殿或 Mister Donut，日本企業對台投資是以台灣的成熟經濟為背景，從製造業重心到非製造業等漸漸多樣化，其中最大特徵為日本的明星企業與中小企業的進軍台灣。

　　空洞化是海外拓展經常顧慮的課題。不單僅是技術空洞化，也包含雇用的斷層。因此，日本企業一方面經常採取謹慎的態度與外商結盟，另一方面還有內部技術是否遭盜用之隱憂。日本第一時期，具有競爭力的企業不斷地擴張市場，以更佳的效率擴展事業；缺乏競爭力的企業為了生存，被迫面臨提升效率的問題。而無法適應的企業勢必將被市場淘汰，此般的企業新陳代謝，促使資源更有效率的使用，並促進經濟的活絡。實際上，製造業在海外拓展事業，不僅是在海外工廠生產完成品，對於日本的零件和材料之出口量也有所提升。

　　台日聯盟依靠長期合作來建立信賴關係，雙方彼此能共享利益，正是維持合作關係之基礎。台灣企業透過國際戰略合作，學習先進國家技術，並提升自身高度的技術。然而此種方式並非台灣的專利。在新興國家企業急起直追的路上，常見的模式為學習先進國家的既有知識，並進行再利用。戰後的日本企業也是透過與美國建立合作關係來提升自身競爭力。現今的中國也是利用這種模式。倘若台灣企業不持續提升自身能力，一旦能提供給日本企業的資源用盡，恐將引起忽略台灣之現象。

蔡英文總統執政後之台日關係備受矚目，在其 520 就職演說中認同中華民國憲法。台日雙方在論及兩方關係時都用「台日」（「台灣與日本」之間的關係）或「日台」（「日台」則為「日本與台灣」之間的關係），而不是「日華」（「日華」為「日本與中華民國」之間的關係）。戰後的台灣與日本，存在著「日華」和「台日」的雙重結構問題。1952 年，中華民國與日本在台北締結和平條約，承認友好國交並且經貿往來頻繁，此時強調「日華」關係。然而重要的轉捩點在 1972 年的斷交。之後的台灣和日本，正式關係由「日華」淡化，「台日」代替「日華」，強調台灣的主體性和立場。近年來台灣本身的中國意識減緩與本土意識抬頭也是使用「台日」的原因。

如何提升台日雙方之 TPP（跨太平洋夥伴協定）等經濟合作關係，藉此幫助台灣產業轉型，避免人才外流為當前重要議題。但是 TPP 不等於是享有自由貿易，而是會有利於某些利益團體。日美談判內容並不是幾頁，厚達數千頁詳細記載，在野黨批評協議內容不公開，日本國會特別委員會圍繞一份除了標題全部被塗黑的檔案。另外，並不是所有東協國家都希望加入 TPP，台灣新南向政策中可以結合日本企業和東南亞各國的華人形成另一股經濟圈。

然而由於台日間未具正式邦交關係，所以我方官員難以「正式」拜訪日本部長級以上人士，即便小英上台後亦無法改變現狀。但因日本政府各部部長均由國會議員產生，因此長期與議員們維持友好關係，當這些議員當上部長之後，較有機會與渠等直接溝通，該合作模式將持續下

去。「後安倍時代」被看好之議員包括石破茂大臣和岸田文雄大臣等，中國亦對岸田大臣頗有好感，新生代的熱門人物則是小泉純一郎前首相的次子小泉進次郎議員，我方應持續拉近渠等關係。

六 結論

近幾年來隨著全球經濟景氣放緩，先進國家需求榮景不再，日本正在創造新的成長模式。國際貿易的主要戰場，已從日本、歐美等先進國家轉移到新興國家。過去為生產據點的亞洲，如今已成為與先進國家並列齊驅，且逐日成長中的重要市場之一。這樣的「新亞洲」之姿，正廣受日本政府及經濟界的矚目。亞洲新秩序中，日本無法追求回到日本第一的獨勝時代，而是亞洲國家建構出 win-win-win 的多贏局面。各國之間經濟互相依賴，一國的經濟危機也會即時影響他國，一項產品的完成是由分散於各國的企業所協力完成。

隨著亞洲新興國家工業化，日本產業整體呈微笑曲線化現象，儼然成為一種時代趨勢。隨著商品生產講求效率及成本控制，與亞洲新興國家共同進行著國際分工。日本企業儘管看清亞洲後起企業的仿效追隨及技術傳播速度，仍與之共同國際分工合作。此種關係絕非如岩石般靜止的，亦不是如油水關係間存在一道隔閡，而是多層、多樣及動態的。

日本對亞洲新興國家的關注已將其從生產據點視為消費市場。繼製

造業後，非製造業也持續海外拓展。開發新興國家市場必須仰賴可信任的合夥聯盟，再進而廣納合夥企業並逐步茁壯。台灣是日本進入亞洲新興國家市場的最佳合作夥伴。

問題與討論

一、為何日本經濟會發展這麼快？

二、台灣堪稱世界第一哈日族，為何經濟還是追趕不上日本？

5

Chapter 林立

全球化時代的國際政治

一　台日經濟合作

人類在歷史上，一直受到各種意識型態的鼓動，而去發動戰爭，例如宗教的、種族或民族主義的，以及 20 世紀資本主義與社會主義共產陣營兩種相互對抗的理念。在這些對抗與戰爭中，血流成河、製造出了無數的悲劇。但是當初受到意識型態鼓舞而走向戰場的人，許多人是滿懷著興奮、激情，或一種神聖的使命感。

然而，資本主義與社會主義共產陣營的對抗及其慘重的犧牲，使人類感到「耗盡了」！隨著東歐共產陣營的瓦解，人們感覺「解放被壓迫的無產階級」等等當初神聖的口號，皆是一場騙局。日裔美籍的學者福山（Francis Fukuyama）認為，人類已經醒悟了，對於意識型態的那套把戲已經「受夠了」；他認為資本主義與社會主義共產陣營的對抗，是人類最後一場意識型態之間的對抗；後此之後，任何意識型態都不能再吸引人、人類都不會再上當。今天，不會再有人慷慨激昂地為了追求英雄氣概、紳士榮譽、勇敢的美德，或為了消滅異教徒魔鬼以淨化世界，或為了表示對天皇的忠誠，或為了教化野蠻人以傳播我族之高等文明，或為了解放全世界被壓迫的無產階級等等理由，自願地、興高采烈地奔赴戰場、視死如歸，還認為是無上的榮譽。

今日「後冷戰時代」的人類唯一會覺得有吸引力的，就是一件事：「自由自在地生活，也就是依自己喜愛的風格生活、追求個人的利

益。」那麼，實現這種生活的兩個前提就是「民主政治」及「市場經濟」。

　　而福山認為，人類此番的覺醒是普遍的，這也就是說，「民主政治」與「市場經濟」是對全世界各民族都有吸引力的，不論這些民族原本擁有什麼樣的文化、信什麼樣的宗教，都會被此吸引。這意謂著全世界（在政治經濟制度層面）將會進化為單一的體制，即最終全球都會實施「民主政治」與「市場經濟」。[1]

　　生活在「民主政治」與「市場經濟」之中的人們，每天所顧念的是追求自己的利益，除此之外，沒有什麼事情能吸引他們，也可以說是一種「經濟人」的形象，終日只顧著接收財經訊息、玩股票、炒房地產、移民到先進國家……，一聽到自己的國家有難、可能戰爭，就嚇得魂飛魄散，希望逃避被徵召上戰場，或趁早移民出去；這樣的人，德國哲學家尼采（Friedrich Nietzsche, 1844-1900）稱之為「最後的人們」、他們是庸俗的經濟動物。正如與福山的觀點相敵對的「懷舊」、「崇古」派的哲人泰勒（Charles Taylor）所批評的，這種「最後的人們」之類型的人，表現出的是「生命英雄面向的喪失，即人們不再有一種更高級目標的感受、也不覺得有什麼值得為之赴死的事物。在上個世紀，托克維理（Alexis de Tocqueville）有時也說了一些類似的話，他說，在民主時代

1　Francis Fukuyama, *The End of History and the Last Man* (New York: Maxwell Macmillan International, 1992), pp. 44-45.

人們傾向尋找『渺小且粗鄙的快樂』；換句話說，我們苦於缺少熱情。……尼采的『最後的人們』正是處於這種衰敗的最低點，他們的生命中不再殘存熱望，而只剩下追求『可憐的舒適』」[2]。古代人所追求的種種「美德」，即對自己城邦的自我犧牲精神，及對同胞的愛與奉獻，都不再被要求；人只須遵守法律即可，包括不貪汙、不逃稅、不酒駕。

泰勒用了以下的話來形容 20 世紀中葉以後，生活在自由主義民主政體下的人們，說他們是：「衰落」、「狹隘化」、「平庸」、「俗氣」、「澈底墮落」、「瑣碎」、「低級」、「淺薄」、「乾癟的」、「一片精神沙漠」[3]、「可悲」、「毫無英雄氣質」[4]……。則未來，這種人之圖像將擴張到全世界。

充滿著這樣的人之世界，雖然俗不可耐，但必定是非常和平。我們知道，「歷史」總是由戰爭所推動的，每次打完了一場戰爭，歷史就進到下一個階段、開創一個新的氣氛。那麼，如果在一個充滿「最後的人們」的世界，根本不會再有戰爭，則「歷史」就不會再有新的下一頁了，世間的氣氛也不會再有改變；日復一日，就是一群「經濟人」終日玩著追逐金錢的遊戲、思想著如何穿金戴銀、開名車、住豪宅、移民……，直到永遠；也可以說「歷史」終結了！這樣的世界雖然非常單

2　　Charles Taylor, *The Ethics of Authenticity* (Cambridge: Harvard University Press, 1991), p. 4.

3　　Charles Taylor, *Hegel and Modern World* (Cambridge: Cambridge University Press, 1979), p. 113.

4　　Ibid., p. 138.

調，但也不會再有戰禍。於是福山在 1992 年出版了《歷史的終結與最
後的人》這本書。

　　福山所代表的這種思想被稱之為「新自由主義」，它壓低了「政
治」的作用，強調「經濟」，認為在冷戰之後的世界、即全球化的時
代，是一個全球經貿往來通行無阻的時代。學者指出：「……新自由主
義的全球主義者，認為市場法則將統治一切，並宣稱人類不再需要政
治……」[5] 這種思想企圖削弱「政治」，宣揚著當今「全球化」時代
「政治性」[6] 已經消失，全世界各民族終將一致服膺資本主義、只顧經
濟、各民族不會再起戰爭，刻意要讓人認為在今天這種時代還在談「政
治」或「民族意識」是既落伍又可恥的，只有談經濟才是進步的。[7]

　　自由主義根植於一種「技術性」的思維（卡爾・施密特稱為「中立
化及非政治化」[8] 的思維），它推崇「技術統治」，這種統治方式企圖
取消「政治」（在民族之間區分友敵）[9]，相信藉此可消除一切敵對衝

5　孫治本，《全球化與民族國家：挑戰與回應》（台北：巨流，2001），頁 1。

6　所謂「政治性」，德國法學家卡爾・施密特（Carl Schmitt）給了一個著名的定義，就是「區分友
敵」！當一群人民意識到「我們是具有同質性、特定生活方式的一個群體」，並且他們意欲維護這個
同質性，即意欲保存他們「固有的」（seinsmäßig）生活方式，就會對於會威脅到一己族群「固有生
活方式」的「他者」（異類），將之視為「敵人」，必要的時候甚至以「戰爭」的方式抗擊之；凡是
「政治性」的行為其最終都必定回溯到區分「我群」與「他者」，即「區分友敵」的意識上（參閱
Carl Schmitt, Der Begriff des Politischen, 7 (Aufl., Berlin: Duncker & Humblot, 2002), S. 27）。

7　Carl Schmitt, *Staat, Grossraum, Nomos—Arbeiten aus den Jahren 1916-1969* (Berlin: Duncker & Humblot,
1995), S. 419 f.

8　施密特在 1932 年再版的《政治性的概念》一書中，將一篇寫於 1929 年，名為「中立化及非政治化的
時代」（"Das Zeitalter der Neutralisierungen und Entpolitisierungen"）的文章一同印行。

9　參閱 John P. McCormick，《施米特對自由主義的批判》（*Carl Schmitt's Critique of Liberalism*）徐志躍
譯（北京：華夏出版社，2005），頁 5、16。

突，國家也不過是一個社團、一個市場，期望以「社會」解消「國家」及「政治性」。施密特說：「在他們（自由主義者）眼裡，國家和政治乃是邪惡的東西，且意味著戰爭和好戰主義。反之，社會則等同於工業主義、私營經濟，因此正意謂著進步與和平。由此，所有的東西都交匯在自由的、即與國家不相干的全球貿易和全球市場中。」[10]

這種思想在英美是主流，但施密特認為英美倡議這種思想乃包藏禍心，英美是海洋民族、通商民族，施密特又說：「這是一種對世界的解釋方式，其結果是使得盎格魯—薩克遜人的世界資本主義成為世界的主宰者，並且成為世界和平的內涵及保證人。」[11]施密特認為這正是英美帝國主義者麻痺世界其他民族的伎倆，這種意識型態的風行，將讓「盎格魯—美利堅（Anglo-American）民族」得以統治全人類，而被宰制的民族還渾然不覺「壓迫者」的存在。

另一個問題是：既然全世界的民族都會嚮往與走向一種體制，則全世界是否「合為一國」就好了？民族國家還須存在嗎？

福山並不認為國家會消失，因為文化界定了一個社會的特質，而一國的人民往往珍惜這些特質，例如日本人希望繼續看到相撲、能劇，台灣人希望繼續看到布袋戲、歌仔戲，美國人喜歡西部片……。如果國家的存在，是最能夠保存這些文化的方法，則人們會選擇保留國家。但福

10　Carl Schmitt, *Staat, Grossraum, Nomos— Arbeiten aus den Jahren 1916-1969*, S. 419 f.
11　Ibid., S. 420.

山卻不認為不同的文化會是產生國際衝突的原因，在福山的眼中，「文化」只是一種涉及休閒娛樂口味的私人領域的事務、怎會與國際衝突相關。

但實際上「文化」形塑了價值觀及政治體制，文化也決定一個民族接受西方文化的難易，文化也當然包含一個民族的歷史，而歷史正可能充滿了一個民族與其他民族的深仇大恨，嚴重影響國際關係。福山完全低估了「文化」在國際政治（製造國際衝突）上所可能扮演的關鍵角色。

福山所代表的是一種右派的、保守的思想，他歌頌、美化全球化時代人們的生活方式，在其中儼然人人都可不亦樂乎地天天玩著金錢遊戲，也有足夠的金錢這樣做。然而，人們可以質疑：

第一，「政治性」的問題是否已經褪色或消失？

第二，全球化時代的經濟是否對每個人、每個國家都那麼美好？

第三，最後，世界上是否產生新型的巨大問題，而其嚴重性並不亞於「戰爭」。例如地球暖化、有些島國被淹沒。又如果有好幾個國家，總人口達到五億人，都發生了像希臘那樣的財政破產，而根本難以救治，而其人民紛紛逃向富裕國家成為難民。

二　漢廷頓以「文明衝突論」反駁「歷史終結論」

就在福山出版其《歷史的終結與最後的人》一書四年後（1996），哈佛大學資深學者漢廷頓（Samuel P. Huntington）出版了《文明的衝突與世界秩序的重造》一書。這本書被認為是對福山思想的挑戰，與福山的主張針鋒相對。

漢廷頓認為，在美蘇對抗（即資本主義與社會主義的意識形塑相互對抗）的時代，民族意識遭到重大的壓制；每一個民族或國家都以「我是屬於哪一個陣營」來做「自我認同」（self-identity），而不是以民族或文化；為了對抗敵對的意識型態之陣營，人們暫時忘掉了、壓抑了民族之間的舊恨。但是當蘇聯及東歐共產集團瓦解之後，資本主義與社會主義的意識形塑的緊繃對立消失，各民族紛紛回到以民族（包括文化）作為認同的標的，例如我是某種血統的民族、我是某一種宗教的信徒、我講某一種語言、我在歷史上受盡某一外族的欺凌等等。

於是許多民族興起了追求獨立建國的意願，獨立運動與獨立戰爭蜂起，許多新的國旗冉冉上升。[12]

總之，後冷戰時期，人類重新回到以血緣、語言、文化……這些「原生性的」（primordial）因素作為認同的標的。而除了個別國家之

---

[12]　Samuel P. Huntington, *The Clash of Civilizations and the Remaking of World Order* (New York: Simon & Schuster, 1996), p. 19, 28.

間因為文化因素（包括回顧歷史仇恨）發生衝突之外，漢廷頓特別注意「文化圈」之間的衝突，也可以說是集團之間的衝突，只是這次「集團」是由文化來形塑的。漢廷頓認為世界上將形成七到八個「文化圈」，奉行不一樣的價值觀，實踐不同的體制，彼此不能融合，並持續產生衝突，此乃未來影響國際政治的主導力量。例如近年來我們看到「非西方歐洲」（即信奉東正教之歐洲）、推崇「亞洲價值」[13]的國家，以及「伊斯蘭文化圈」，它們與「西方」文化圈皆產生衝突，或總是處於一個緊張關係中、甚至有時似乎回到冷戰時代之氣氛。

「九一一紐約世貿大樓恐怖攻擊」被認為是對漢廷頓之主張的最強背書，證明他講得是對的，也隨之湧現了許多對福山的批評與揶揄，有人說這是「『歷史終結論』的終結」、「『歷史』已經渡完假回來了」[14]。顯然（與福山不同）不論就漢廷頓的主張或就事實來看，「文化」都不只是扮演一種休閒娛樂的角色而已，而正是國際衝突的根源或推動因素。

對於這兩位學者所言，究竟如何論斷誰是誰非？在此不妨整理出幾個問題供大家思考。

13　所謂「亞洲價值」是主張在經濟與科技上要學習西方，但是在政治上拒絕西方的民主及其根本的自由主義思想；認為民主不適合亞洲、亞洲應實施父權式的統治較佳。

14　Francis Fukuyama，「民主自由仍將主導世界政治」（閻紀宇譯），中國時報 13 版，2002 年 10 月 12 日。

三 對「歷史終結論」與「文明衝突論」的反思與批判

一 「文明衝突論」乃是一種非哲學的傳統國際關係理論

先談漢廷頓，他描述文化圈的對峙與衝突，雖然他也不樂見衝突，但他期待的緩解方式是希望每一個文化圈能有一個領導者（國），他稱之為「核心國家」，就像一個大家族中的大家長。由各個文化圈的「核心國家」出面談判，衝突較不易發生。[15]

這種思考模式是傳統國際關係學的，缺乏倫理學「規範性的」（normative）面向。德國哲學家哈伯瑪斯（Jürgen Habermas）批判道：漢廷頓是認為不同文化圈永遠存在、永不可融合、永遠敵對下去；但為什麼持不同觀念者不是應該進行平等的溝通，把自己的觀念拿出來供全世界的人討論，用理性進行論證、質疑與反駁、辯護……，即嘗試進行說服；最後若有某一方的觀念最有道理、能說服舉世人類，則大家接受，我們也獲得一種普世的價值，而得以穩定世界的秩序並獲得和平。[16]而「一個文化圈有一個領導國」也不符合「平等溝通」的價值。

---

15 Samuel P. Huntington, *The Clash of Civilizations and the Remaking of World Order*, pp. 155-156.
「一個文化圈一個領導國」的理想並不易實現，以西方為例，美國要做的事，未必其他西方國家願意跟進，甚至猛烈批評之。在伊斯蘭國家中，也許其人民普遍有反美的心態，但若就政府而論，有些國家與美國激烈為敵，但有些早已是美國的盟邦。

16 章國鋒，《關於一個公正世界的「烏托邦」構想》（濟南：山東人民出版社，2001），頁174-178。

「歷史終結論」：保守主義右派的一廂情願

再來，針對福山，也提出幾點可供反省的問題：

福山原本可能太過樂觀地以為，資本主義集團與共產主義集團的冷戰結束，「歷史的終結」就快要完成了，很快地所有國家都將接受自由主義，這是 1992 年《歷史的終結與最後的人》這本書給人的印象。但「九一一」事件發生之後，福山立刻飽受嘲諷，因為顯然存在著激烈拒斥西方體系的（諸）文化集團，而伊斯蘭集團是最明顯的，則要到哪一天伊斯蘭國家才能接受自由主義？

於是福山為了自辯而改口說：他的意思其實是「只要西方的民主體制與市場經濟仍然是人類未來的唯一方向與目標，他的『歷史終結論』就沒錯，因為這意謂著『終有一天歷史會終結』」，不管還要等多久。

也就是說，只要方向仍是指向自由主義，不管走快走慢，福山認為自己的主張就可算是對的；縱使當今在某些國家內部，享有既得利益的掌權者或宗教長老會阻礙民主，或其傳統文化會使其要學習成熟的民主較為艱難，但福山認為，我們想不出來，這些國家未來除了選擇自由主義之外，還能選擇什麼其他的體制？即他們最終仍只能朝著「民主政治」與「市場經濟」的方向前進，方向未變，只是速度快慢的問題而已；而且這些國家的人民也喜歡移民奔赴西方，並接納西方的生活方式，這種「用腳投票」的行動事實，證明了西方「民主政治」與「市場

經濟」普遍的吸引力，是全人類未來唯一的選擇。[17]

福山認為，不論任何民族原本擁有什麼型態的文化，終將認為西方自由主義的經濟與政治制度是唯一有吸引力的，終將走向民主；他的理據是：越來越多的國家轉變為民主國家。

但這樣的論據是否充分？畢竟直至今日，全球生活在威權專制國家之中的人口總數還是相當巨大，有些文化似乎與西方自由主義格格不入，不知何時才會接納西方文化？

如果我們再算入那些尚未徹底脫離威權的「民主」國家，如俄羅斯，也算入某些「民主」國家至今未能擺脫貧困、貪腐、嚴重的種族衝突、階級制度、選舉充斥暴力……，如印度及菲律賓；則上軌道的民主國家之數量就更少了。

吾人並不知道，什麼時候世界上絕大部分的國家都成為上軌道的民主國家，即至少生活普遍達小康水準，國內和平與平等都能本質上獲得實現。

如果經過了數十年，情況改變不大，則福山要如何回答？如前所述，福山已自辯說，即使有些國家至今要走向民主，顯得困難重重，有些是停滯，有些步履蹣跚、跌跌撞撞，但我們看不出來，他們的目標除

17　Francis Fukuyama，「民主自由仍將主導世界政治」（閻紀宇譯），中國時報 13 版，2002 年 10 月 12 日。

了西方的民主體制與市場經濟之外，還能有什麼其他選擇？福山認為，即使是伊斯蘭國家的人民，年輕的一代（只要是在冷靜的狀態下思考）仍會認為西方的民主體制與市場經濟比任何其他替代品都更具吸引力，所以「只要西方的民主體制與市場經濟是人類未來的唯一方向與目標，他的『歷史終結論』就沒錯」。[18]

但是如果要走到那一天還要再花兩千五百年呢？則這個「歷史終結論」對當代的我們而言毫無意義！福山也無法給出時間表，只說「目標仍只能有一個、終將達成」！但每一個人都無法看到無限遠的未來，因此福山的斷言無法「被否證」（falsified），也無法「被驗證」（verified）；則這樣的論證方式並不夠負責任。

第二，就算假設有一天全世界的國家都變成民主國家了，所以不會有戰爭了，但是否就不會發生足以撼動世界的嚴重問題？

也許全世界的國家都願意擁抱同樣一種沒有恐懼、生活自由自在的西方民主體制，但是各國的科技能力、人民的勤奮程度、風俗習慣、守法的精神，仍然必定是有差別的，而就仍會區分出貧富與強弱。人類的天性自古就是富而強者必會壓迫貧而弱者，以擴張己利，則世界恐仍會有許多不愉快。就算有一天人性進化了，富而強者不再壓迫貧而弱者，但是有些科技能力較弱（無法靠高科技產品賺取大量外匯）、法治意識較薄弱的國家（例如希臘）在普遍的貪汙及逃稅之下，終於國家破產。

18　同上註。

幸好希臘人口不多，又是歐盟會員國，基於與歐盟的密切關係及歐洲的高度人道文明，歐盟花費了極大的力氣去拯救希臘。如果有一天世界上許多國家都發生了像希臘這樣的情形、這些國家的人口總和高達五億人，這樣的規模根本難以施救！這些國家發不出公務員薪水、發不出每個退休國民每月的退休金⋯⋯，國家陷入燒殺搶劫，數億人民變成難民出逃，整個世界焦頭爛額，則這算不算是「歷史」事件？

福山美化了全球化時代的經貿活動，描寫了一個全世界人人都可在其中安詳地玩著金錢遊戲的圖像。但全球化並沒有為每一個人帶來福祉，而且今日「反全球化」風潮已經明顯開始顯露，英國的公投脫歐、2016 年美國共和黨總統選選人川普反對 TPP 及美國企業外移的政策，都是例子。

全球化造成了明顯三項問題：[19]

1. 投機客的資金在全球股市、匯市，甚至房地產市場的進出，得手之後又迅速賣出，造成暴漲暴跌，不穩定性大增，許多跟進者因此慘賠，即所謂「泡沫化」的現象。

2. 再者，全球化的更重大問題是威脅到福利國家的續存，會最根本的團結與穩定。在近代資本主義興盛之後，曾經造成了嚴重的貧富不均，殘酷的剝削導致革命勢力的興起；最後，西方工業先進國家建立了社會福利制度、健康保險、職災保險、失業保險、退休金制度⋯⋯使得

---

[19]　林立，《哈伯瑪斯的法律哲學》（台北：新學林，2016），頁 369-370。

弱勢者得以享有基本的安全與尊嚴的生活，如此才壓制了革命的浪潮。但如今，全球化卻危及了這個制度。國家以社會福利制度維繫內部的和平，但全球化時代世界的競爭走向白熱化，使得國內的社會福利制度及環境保護遭受挑戰，[20]國家已經無力要求跨國企業遵守高標準的福利及環保規範；國家一提出要求，跨國企業就以「出走」作為要脅；最後，國家被迫屈服於跨國企業資本家的要求，犧牲勞工的福利及環保的要求，以提高國家的競爭力；[21]這都是為了讓本國企業能夠留下來，以及吸引外資前來投資。

自由主義嚮往的「政治的終結」[22]，代之以市場機制作為世界新秩序的方針，[23]更助長了跨國企業取代國家成為國內最強的行動者，甚至引導著國家的對外政策；這是「商人治國」的時代！跨國大企業主趾高氣昂天天藉著媒體高談闊論、對政府下指導棋，或大放厥詞批評政府不符合其利益的政策一律都是「不懂得如何提升競爭力」、「違背自由化」。如哈博瑪斯所說：「在全球化市場的壓力下，國家的政府越來越劇烈地喪失了其對整體經濟運轉的政治影響力。」[24]「經濟全球化摧毀了一種歷史的格局，即曾經一度促成社會福利國家式的妥協之歷史格局。」[25]「一種全球化的經濟擺脫了調節型國家的干預，使

---

[20] 孫治本，《全球化與民族國家──挑戰與回應》（台北：巨流，2001），頁 141。

[21] Jürgen Habermas, *Die postnationale Konstellation: Politische Essays* (Frankfurt (a.M.): Suhrkamp, 1998), S. 83.

[22] Ibid., S. 133.

[23] Ibid., S. 134.

[24] Ibid., S. 118-119.

[25] Ibid., S. 83.

民族國家與社會福利國家之間一度成功的結合受到了危害。」[26]

3. 競爭的激烈使得先進國家中的頂尖科技研發人才及經理人才為世界各企業所競相網羅而享有超高的薪水。但另一方面，已開發國家的中產階級及勞工之工作機會則流失，落入開發中國家之手，因為他們會做的事，在較落後、薪資水準較低的國家的人才也會做，因此跨國企業可以把這些事務交給薪資水準較低的國家的人來做，則在較先進國家內產生了失業，或薪資無法上揚的情況，產生了「M 型社會」；全球化其實造成了國家內部的衝突。[27]

由以上所述可得知，那些在全球化之下淪為「M 型社會」貧窮一端月領 22K 的人們，以及在社會福利被削減下難以度日的人們，是否仍能像福山所想像地，每天安詳地去玩金錢遊戲？

第三，全球暖化、氣候的異常，可能導致糧食生產的短少，國土面積縮小，甚至有些島國被淹沒，人民淪為難民出逃。

福山所設想的世界，不符合自古以來的常態，因為人類的世界向來就是問題層出不窮、令人焦頭爛額的。而如果上述的某個或某些問題，有一天發展到令人難以收拾的地步，則人類勢必要調整國際的規範，例如嚴格規定並執行減碳、重塑國濟經貿規範，也必須建立一種有效「全球治理」（global governance）機制，例如改造聯合國，使它更具有裁判及強制執行的功能；則這就好像在建立歐洲共同體（演變為歐洲聯

---

26 Ibid., S. 84.

27 孫治本，《全球化與民族國家——挑戰與回應》，頁 30。

盟）以前的歐洲與之後的歐洲，政治與人民生活的型態有了很大的改
變；這種改變，雖不是經過戰爭，但無疑地也是「歷史性」的，使歷史
又進到下一頁。

　　況且，我們至今仍深陷在「文明的衝突」中，尚不知如何才能脫離
此一困境；某些文化對西方的敵視，主要源自西方國家（特別是美國）
的霸權行徑，激起了受其欺凌的民族之悲情。而所謂進行了數十年的
「反恐」，特別是在「九一一」之後至今的行動，並沒有成功，反而一
波未平一波又起，而且還越演越烈。而面對「反恐」的完全失敗，西方
國家仍舊只想到繼續加強武力；然而用這種方法想要成功，完全是緣木
求魚。

　　「哪裡有壓迫，哪裡便有反抗」！所謂「反恐」，絕不可能以武力
壓制來達成目的；武力只會激起更多的反抗。只有放棄霸權作風，給予
所有民族平等的交談地位，方能消弭反抗，此乃至簡至明之理。但沉迷
於權力及霸權的強國及其民眾，竟對此理渾然不覺，反而繼續選擇一條
「對衝」之道。若是如此，則仇恨與隔閡勢必與日俱增，世界必永無寧
日！

　　吾人承認，至今許多「非自由主義」文化的國家，內部存在著對人
權的侵犯，對外、在與其他民族有衝突時，也傾向使用武力。西方國家
的確應透過援助、平等的、誠懇的、善意的溝通勸導，改變這些「非自
由主義」文化的國家。但是這些國家之所以痛恨西方，尤其是美國，絕

非因為西方國家曾經做過這種平等的溝通勸導之努力，而是因為西方國家為了自利所做的欺凌壓迫，與對其文化的嘲弄。然而，縱使吾人對某一「他者」之文化有所質疑，也應賦予其「平等的溝通機會」，與其往返討論，互相試以理性說服彼此；而絕非單向進行肆意嘲笑羞辱；既無任何建設性，亦大悖於道德。

也許福山有一點說得沒錯，西方的「民主政治」與「市場經濟」原本應該擁有普遍的吸引力。但是在西方國家壓迫某些國家之後，這些國家在悲情之下，便會直覺反彈式地排斥西方文化，故意要反對西方的一切。換句話說，如果不是被西方國家欺凌，這些國家本來可能也會很喜歡學習西方的文化。

四　結論：「終結歷史」的時機尚未到來，亦不知能否到來

如前所述，福山那種「講不出具體確定時間」的預言，沒有意義。而本章的看法是，我們雖然不能預言「歷史什麼時候會終結」，但是卻可以主張「歷史要在什麼條件具備下，才可能終結」！如果我們希望歷史終結，則就要努力創造出這些條件。

1. 西方國家（尤其是美國）必須放棄其單方利己的意志，放棄支配全世界的霸權、帝國主義作風，以平等溝通的方式與全世界不分強弱貧富的國家討論、追求共識，才能夠避免「非自由主義」文化的民族因為

130

悲情而故意拒斥西方的體制，如此方能發揮西方自由主義體制的吸引力。

2.所有曾經加諸其他民族不義的國家都誠心懺悔、反省、道歉、賠償。

3.所有的國家都接受西方自由主義的體制，實現寬容、多元，保障人權。而且其人民都有相當程度的好學與勤勞；並且法治觀念強，政府有效率，公職人員清廉，人民依法繳稅與服役。

4.存在公平的外交與經貿互動國際法規範，包括向國際金融機構尋求援助，以及國際相互援助的機制；所有國家願意恪遵有關環保的公平國際協議。

　　「歷史的終結」與世界的永久和平，只會在上述四個條件出現後才降臨！但我們並不知道人類有沒有那種智慧與道德素養去創設出這四個條件。

問題與討論

一、依您對人性的評估，人類有可能實現在本章「結論」中所列出
　　的四項條件嗎？您認為阻礙人類達成上述四項條件的因素是什
　　麼？

二、是否每一種文化（儘管其原本的主張與西方自由主義都有相悖
　　之處）都可以自我調整，修改為能與西方自由主義相容？例如
　　印度教之「種姓制度」、伊斯蘭教之政教一體。

三、「亞洲價值」認為亞洲人不適用西方民主，只適合威權父權統
　　治；此主張是否有根據？

6

Chapter 陳建甫

科技發展與全球化

一　前言

「全球化」不僅成為時下重要的流行詞彙，也成為學術上熱門研究的議題。「全球化」討論的面向涵蓋經濟、政治、法律、管理、科技、組織、文化、思想觀念、人際交往、國際關係等領域的全球化。在此「全球化」現象下，世界各國與國之間在政治、經濟貿易上互相依存，地理疆界開始模糊與被打破，人與人之間的心理距離受到壓縮，人們開始習慣視世界為一個整體，就像湯姆生・佛里曼在《地球是平的》（*The World is Flat*）[1]書中所提到的全球意識開始崛起，全世界是地球村（global village）的印象也越來越鮮明。

經濟全球化普遍被世人認知與接受，例如：各種生產要素或資源在世界範圍內的最佳化配置，或有形的財貨與無形的服務之跨國流動和所進行的交易與交換。事實上，世界各國、各民族與各地區，在政治、文化、科技、軍事、安全、意識型態、生活方式、價值觀念等面向，也隨全球化而相互交流與影響。

不過現今經濟全球化之所以能夠順利進行，必須依科技的進步，其中又以交通、通訊和資訊科技的快速發展，讓「地球村」成為可能。交通的進步促進人員和物質產品得以在全球迅速流通，而以網際網路為代

1　湯姆生・佛里曼（Thomas Friedman），《世界是平的》（*The World is Flat*），楊振富、潘勛譯（台北市：雅言文化，2007）。

表的資訊科技，則使得資訊與知識能夠跨越疆界進行傳播及快速地被複製，同時資金也能在極短時間內進行大量移動。在交通與資訊科技的發展與推動下，將全球化不斷擴大進展，人類現有的生存方式，跟大航海或 18 世紀工業革命時期，已經發生實質且巨大的改變。

　　本章將介紹現今全球化過程裡常見資訊科技、生態環境科技、醫療生技等三種重要科技，以及它們對全球化可能產生的衝擊。首先是資訊科技，除了電子科技與產品，以及通訊網路外，從人工智慧、機械人與大數據的運用，讓科技智能成為下一階段科技全球化的重要象徵。台灣電子資訊產業曾經是全世界資訊產業的重鎮，但面對已發展國家與新興工業國家的前後夾殺，過去引以為傲的 DRAM 與 TFT-LCD 兩兆雙星產業，正面臨到前所有未有的危機。

　　儘管食品、生態、環境與能源科技不斷的創新，但是單靠這些新科技，並不能解決全球生態環境日益惡化的問題，科技只是減緩某些國家或地區的環境汙染問題，周圍國家可能並非汙染來源國，卻可能遭受到環境的汙染。全球社會體認到維護地球永續發展並非只是有錢國家的專利，必須透過集體合作，才有機會共同對抗環境惡化的問題，共同對生態環境締約已經成為保護全球生態環境重要的思想浪潮。

　　透過幹細胞技術，成功地複製桃莉羊後，全球掀起一波醫療與生命技術產業的新浪潮，事實上，醫療與生技產業早隨著全球化快速地在世界各地發展。近期因 SARS 疫情的擴散，讓各國政府關注如何共同防治

疫情，世界衛生組織（WHO）與防疫體系的建立確保國人健康安全遂成為全球最迫切的議題，另外，醫療生技產業可能將成為繼資訊產業後，成為台灣未來要積極發展的重要產業。

二　科技始終來自人性？資訊科技的發展趨勢與盲點

NOKIA 所標榜的「科技始終來自於人性」（Connecting People），無疑是資訊通訊科技所追求的極致，也是科技研發的出發點。即使 NOKIA 已經不再領導通訊產業，但科技在過去百年不斷發展，改寫人類生活。科技帶來方便，拉近人與人之間的距離，但也有人認為，科技讓世人生存空間因此越來越窄，讓社會變得單一化。當然科技的發展，也讓世人批評科技並非始終來自人性，而只是讓人類變得更懶，更依賴科技。

一　十大資訊科技產品

2011 年科技網站 T3.com 曾票選「過去半世紀來最偉大的 50 件科技發明」裡，[2]前十名的產品分別是：

1. 蘋果 iPhone：在 2007 年推出 iPhone 的說明會中，賈伯斯曾說這是一件革命性產品，比市場其他手機領先了五年。近五年來，iPhone 一

2　「50 年來最偉大科技發明蘋果前十穩佔三名」，蘋果日報，2011 年 9 月 30 日，檢索於 2016 年 6 月 6 日，http://www.appledaily.com.tw/realtimenews/article/new/20110930/77672/

直領導智慧手機市場，令對手無法超越，每次推出新版本都讓全球轟動。

2. Sony Walkman：雖然卡式錄音帶隨身聽已經完全過時，但 32 年前日本 Sony 公司推出時卻是革命性音樂產品，澈底改變人們聽音樂的習慣，透過卡匣與耳機，可以無時無刻，不受地點享受聽音樂的樂趣。

3. 蘋果 iPod：iPod 並不是第一台 MP3 隨身聽，但卻是讓蘋果電腦起死回生的機器，就是和其他廠牌不一樣，在配合 iTunes 軟體使用下，幾乎變成一種文化現象。2001 年問世後，截至 2011 年底，已經累積售出 2.75 億部。

4. 微軟視窗（Windows）作業系統：自 1992 年推出後，正式將個人電腦引進視窗時代，成功擊潰 Mac 電腦，確立以視窗作業系統為基礎的 PC 獨霸市場的態勢。

5. 蘋果 iPad：iPad 在 2011 年推出時曾被質疑「只是一部大的 iPod Touch」，但事實證明它「好看又好用」，幾乎打趴筆記型電腦市場，也引起一波觸控面板的換機革命與 APP 研發的熱潮。

6. YouTube：2005 年由三名 PayPal 職員創立，原本只是想分享彼此的短片，但如今已發展成為全球第三大最受歡迎網站，僅次於 Google 及 Facebook。

7. Sony Trintron 電視：1968 年上市時，是全球首部採用彩色映像管的電視，Sony 公司標榜擁有歷來最佳畫面質素，至今全球累積售出 2.8 億部。

8. Sky+：是集合數位錄影及衛星訊號接收功能的個人影像錄影機

（PVR），採硬碟式錄影。

9. Facebook：哈佛學生祖克柏（Mark Zuckerberg）2004 年在宿舍房間
設計作為校內聯絡工具，沒想到如今變成全球最大社交網站，用戶達
75 億人。

10. VHS 錄影機：1977 年面世後，擊敗了 Sony 的 Betamax 格式，從此
VHS 錄影機進入了全球家庭，但之後仍被 CD 和 DVD 取代。

在這十大發明中，蘋果的產品就有三樣，其中 iPhone 又穩居第
一，在 2015 年，蘋果公司（Apple Inc.）成為全球第一家市值超過
7,000 億美元的上市公司。凡是由蘋果公司所生產的產品幾乎瘋傳全
球，蘋果的商標就像是先進國家的標誌般影響全世界，許多發展中的國
家更將蘋果產品視為是一種進步的象徵。在全球化下，西方生活習慣也
隨著蘋果產品向世界各地擴散。在台灣，蘋果，不僅影響年輕人，也改
變中年世代的生活習慣。

拜經濟全球化之所賜，造就了許多像蘋果這類的跨國企業。也就是
在母國設立研發總部，且在各國建立自己的銷售據點，但是所有製程都
委交給國外的供應鏈企業去加以生產。例如：將手機內部重要的 IC 設
計與製程，委託給遠在台灣的台積電，並透過其下游日月光進行封測，
然後由可成負責提供亮麗且耐用的金屬機殼，再搭配大立光高倍數的鏡
頭，最後委由鴻海負責指揮在中國的富士康與其他零組件廠商，進行手
機的組裝工作。

　　蘋果最大的成功是讓全球供應鏈與消費者，必須接受與使用與蘋果相容的科技與零組件。當蘋果最初要進入通訊市場時，就面臨到產品規格無法與其他強勢競爭品牌相容的困境，所幸得到台灣電子供應鏈的協助，維持蘋果產品規格的專一性。隨著蘋果品牌經營的成功，成為電子通訊資訊的領導品牌後，讓不少供應鏈廠商就是因為替蘋果生產相關產品而致富，蘋果概念股幾乎成為股票市場股民追逐的焦點。

科技全球化的危機與風險

　　跨國企業將生產線放在第三世界國家，透過外來的技術與資金，不但提升落後地區的工業化程度，也促進落後地區的經濟增長，台灣電子科技產業的轉型經驗，與中國近幾年成為世界工廠，以及近年來經濟起飛東南亞國家越南等，都是因為許多科技或製程在西方已開發國家已經無法獲得利益，例如：蘋果手機如果全部在美國製造，一支成本可能需要高達 3,000 美元，且年產量可能只能勉強供應加州的消費者，因此，為了降低成本與增加效能，於是形成目前的全球科技分工模式，由西方已開發國家的資本家，透過此供應鏈來剝削開發中國家與工人階層的處境。

　　這種經濟全球化的分工模式，不僅出現在通訊科技界，也發生在不同產業或科技的分工範疇裡。例如：美國、澳洲及加拿大的農業機械化程度，遠比其他開發中國家還在使用人力來得先進。但在貿易談判過程中，先進國家卻經常要求開發中國家必須開放本國的農業市場。例如：

台灣近期想要加入美國或現由日本所主導的「跨太平洋夥伴關係」（The Trans-Pacific Partnership, TPP）[3]，在貿易談判前，美方希望台灣允諾美國豬肉進口，但是台灣民眾對於允許含有 10ppb 低劑量萊克多巴胺（瘦肉精）的美國豬進口感到憂慮。儘管要求政府必須要做到零檢出才可以放行，但是這與美國與其他 WTO 會員國談判及與先前開放美牛進口的檢測規則，卻有所牴觸，因此是否開放含有瘦肉精的美豬進口，就成為朝野攻防的重點。

產業或科技外移的另一個因素是因西方國家訂定嚴苛的環境汙染標準，於是將原本在國內汙染性高的化工廠，轉移到開發中國家，但卻容許這些跨國化工廠仍沿用低的汙染標準，持續製造產品，然後再從開發中國家進口，完全不顧開發中國家可能因製程產生的環境汙染問題。例如：RCA（Radio Corporation of America，臺灣美國無線電公司）事件就是一部台灣版的「永不妥協」電影[4]，發生在桃園縣桃園市的土壤汙染及地下水汙染公害事件。RCA 在台灣經濟起飛時期到台灣設廠（1970 年），1992 年離開台灣，但是直到 1994 年 6 月 1 日環境汙染事件才曝光，三氯乙烯、四氯乙烯等劇毒物質已經滲到土壤和地下水，造成廠址的土壤、員工和居民飲用的水源嚴重汙染。歷經多年員工的抗議與提出訴訟，直到 2015 年 4 月 17 日，臺北地方法院一審宣判自救會勝

3　TPP 是種高品質、高標準的自由貿易協定，標榜全面自由化，會讓全球的貿易規範大幅往前邁進，目前成員國有不少工業發達國家，因此對服務業的帶動大於對製造業的帶動。

4　《永不妥協》（英語：*Erin Brockovich*），2000 年上映的美國好萊塢大電影，故事內容改編自真實故事，內容關於女主角艾琳・布羅克維齊（Erin Brockovich）與美國西岸電力公司巨擘太平洋瓦電公司（PG&E）的法律訴訟案件。

訴，RCA、湯姆笙公司須賠償 5 億 6,445 萬元新臺幣。[5]但是這些受到汙染的員工健康與年輕生命是無法用金錢所賠償的。

　　產業出走的另一個原因是為了符合消費者對低價產品的需求，於是默許本國廠商到開發中國家找尋代工廠。為了要低價搶單，這些代工廠無不嚴格控制生產效率，除了訂出苛刻勞工條款外，更無視員工處在極為惡劣的生產環境，衍生許多名牌服飾卻是由「血汗工廠」來代工的案例。例如：半島電視台記者花了 1 個月的時間，在中國大陸廣東新塘鎮，年產 2.6 億條牛仔褲，占全世界 1/3，被稱為「牛仔褲之城」。除了發現工廠通風極差，工人要在惡劣的環境日夜趕工外，為了迎合消費者的需求，縫製看起來舊舊質感的牛仔褲，工人利用高壓噴槍把沙子噴在牛仔褲上，製造「破損以及舊舊」的效果，整個廠區煙塵瀰漫，幾乎讓人窒息。長時間在這等惡劣環境裡工作的工人，有的甚至連口罩都懶得戴，因為他們不知道 2009 年在土耳其就是因為噴砂，讓超過 100 人罹患肺矽病，其中將近有一半不幸死亡。禁止噴砂幾乎已經是國際共識，但是在牛仔褲之城的血汗工廠內，這些經過噴砂後的牛仔褲，是用工人的命去換來的。[6]

5　「嚴防地下水污染，環署擬新增 RCA 條款」，自由時報，2015 年 4 月 28 日，檢索於 2016 年 6 月 10 日，http://news.ltn.com.tw/news/life/breakingnews/1300380。

6　「小鎮年產 2.6 億條牛仔褲，工人血汗換奇蹟」，*TVBS NEWS*，2016 年 5 月 17 日，檢索於 2016 年 6 月 10 日，http://news.tvbs.com.tw/world/news-654412/。

台灣科技產業的困境

根據工業技術研究院發布的《台灣電子產業回顧與展望》，2013年台灣積體電路（Integrated Circuit，IC）產業產值為 189 兆元新臺幣，較 2012 年成長 156%，占全球半導體產業（Semiconductor Industry）市場 3,100 億美元的 207%。2014 年台灣 IC 產業產值高達 221 兆元新臺幣，較 2013 年成長 174%，占全球半導體市場 3,300 億美元的 229%，台灣 IC 產業產值全球排名第二，僅次於美國，超過日本及韓國。全球前 50 大半導體廠商中，台灣占了 8 家，包含台積電、聯發科技、聯電、南亞科、聯詠科技等，加計封測業廠商包含日月光半導體、矽品精密及力成科技。

TFT-LCD 面板產業結構以製程作區隔，從上、中、下游，分為材料暨關鍵零組件、面板生產（Array + Cell）、模組段組裝，及終端系統產品。台灣的 TFT-LCD 面板產業主要是以面板廠作為發展之核心，面板大廠包括群創（原奇美）、友達、華映、勝華（原瀚宇彩晶楊梅廠）等四大光電廠。近幾年面板業者產能持續投入，帶動上游關鍵零組件在地化發展，至今已逐漸建構出一個上中下游皆備的產業，從玻璃基板、彩色濾光片、TFT 基板、偏光板、驅動 IC、背光模組以及相關材料等已臻至完備，在台灣形成完整的產業聚落。

群創與友達分別為全球第三與第四大面板廠，擁有自 3.5 代線至 8.5 代線工廠，近兩年友達與群創皆進行公司體質的再改造，除經營體

系外，對於生產線的規劃、產品組合的設計，以及新技術的發展，都積極進行轉型的腳步。在中小型的部分，華映、彩晶、凌巨則是生產中小型面板為主，輔以觸控產品；元太以電子紙為主要發展對象，勝華則轉型往觸控領域發展。[7]

2002 年台灣政府就計畫推動「兩兆雙星產業」，尤其是以動態隨機存取記憶體（Dynamic Random Access Memory，DRAM）及 TFT-LCD 產業被視為台灣科技產業新星的雙D產業。但是才短短十年，看似前途一片光明的 DRAM 廠與 TFT-LCD 面板廠，卻遭受韓國競爭大廠的削價競爭。韓國科技業者在不斷地推出較新或較多功能的機型時，率先的把舊機型給大幅降價，美其名是要回饋消費者或為了刺激買氣，但是真正的目的是為了趕走在後面追隨的台灣競爭廠商，以達到市場壟斷的目的。

根據工研院產業經濟與趨勢研究中心（IEK）的報告，2010 年台灣半導體產業產值高達 1 兆 7,160 億元，其中產值比重最大的 DRAM 與晶圓代工兩個產業，已下修 2011 年產值為 1 兆 5,214 億元，較 2010 年衰退 11.3%。除晶圓代工今年產值成長率為 5.2%外，由於 DRAM 價格持續無止境探底，估計第 4 季仍將再往下跌。至於影像顯示產業，TFT-LCD 面板產業，近幾年來也是飽嚐產能過剩、價格競爭的苦果。友

7　「台灣電子產業回顧與展望，工業技術研究院」，2014 年 12 月 22 日。，檢索於 2016 年 6 月 10 日，https://www.itri.org.tw/chi/Content/NewsLetter/Contents.aspx?SiteID=1&MmmID=5000&M-Sid=621302513530161363。

達、奇美電不但飽受國際智財權官司纏訟、面板價格低迷衝擊，股價更是迭創新低。一度外界甚至用「雙低慘業」來形容，讓人不勝唏噓。[8]

曾是全球第二大觸控面板大廠，2012 年營收還突破千億臺幣的勝華科技，2015 年 7 月 7 日勝華正式從台股下市，進入破產重整，震撼業界。跟到中國投資或跨行改當科技業的台商一樣，勝華經營團隊沒有持續關照本業，反而盲目擴張新事業體，其次，與其他上市公司強調營收報表，而忽略企業的毛利，一旦沒有接到蘋果的單，只接到小米的單時，雖然營收創新高，但是毛利卻在創新低，甚至淪落到沒有賺錢也要接單，充產能的困境。另外，面板產業的技術層級不高，本身沒有關鍵的技術，且忽視人才被挖的困境，最後，不得已採取以量競爭的策略，擋不住由中國政府所扶植的「紅色供應鏈」的削價競爭，導致連年虧損。遠見雜誌認為台灣的公司要生存，要拚的是技術，去做無法被取代的隱形冠軍，如果繼續跟紅色供應鏈拚量，絕對無法抗衡。[9]

四 台灣科技人才真的短缺？

隨著台灣資訊產業的產值逐漸停滯後，不少企業與官員擔憂台灣科技人才的不足與流失的問題。根據經建會統計預測，台灣在高科技產業人力供需方面，儘管在 2003 至 2011 年間相關科系大學畢業生平均每年

8　「台灣電子業大戰韓國三星──雙 D 需結合技術與品牌」，台灣區電機電子工業同業公會專題報告，檢索於 2016 年 6 月 10 日，http://www.teema.org.tw/report-detail.aspx?infoid=2731。

9　鄭婷方，「從千億營收到破產，5 年垮台的 4 大教訓」，《遠見雜誌》，2015 年 9 月號第 351 期，檢索於 2016 年 6 月 10 日，http://www.gvm.com.tw/Boardcontent_29450.html。

供給過剩約 1.59 萬人，然科技產業每年卻仍短缺科技人才達 2.6 萬名，[10]為何會有如此問題？這是因為過去台灣科技產業多是以代工為主，只要跟著國外企業所提供的技術做就沒有問題。於是台灣企業普遍缺乏紮實的研發能力，也缺乏對既有科技人才在職訓練的投資，一旦資訊科技產業環境改變，卻一味地要求台灣高等教育機構要培育目前企業所需要的科技人才。於是形成科技產業欠缺科技人才的假象，也讓許多被界定為科技人才，在學校接受基礎訓練過，卻找不到工作的特殊情況。

台灣資訊科技人才為何過去不曾缺過，現在才缺？事實上，台灣的科技人才素質優秀一直是外商投資台灣的最重要理由！張忠謀曾說台灣缺乏「可為經濟創造附加價值的中、高層人才」，原因出在哪裡？因為這些可為台灣經濟創造價值的中高階人才，都被中國大陸與韓國企業重金給挖走了。台灣有能力產出這種人才，但是老闆們沒辦法給這些人合適的舞台。台灣缺乏中高階人才，但不是培養不出中高階人才，而是企業界自己留不住中高階人才。[11]

資訊電子科技產業的單一化的結果，壓縮其他科技產業的發展，讓原本多元化社會有空間容納小眾，需客製化或其他科技技術，無法獲得

10　台灣每年約 3 萬名電子相關科系畢業生，恐怕有 5 成因為專業能力不足而不被企業所聘用，這更加深許多工作找不到人、而許多人找不到工作的問題。詳見我國 94-104 年科技人力供需分析，行政院經濟建設委員會，95 年 5 月，檢索於 2016 年 6 月 10 日，http://faculty.ndhu.edu.tw/~cyhung/project.files/hightech.pdf。

11　「人才危機？你在說甚麼？」，清大彭明輝的部落格，檢索於 2016 年 6 月 10 日，http://mhperng.blogspot.tw/2012/12/blog-post_24.html。

資金，也無法吸引更多的人才投入。在以下，我們將介紹目前廣受各界矚目的生態環境科技與醫療生技科技，將繼資訊科技後，是如何影響著台灣科技產業的發展與科技全球化的進行。

三　生態環境科技的興起：拯救地球大作戰

　　不像資訊科技一直是以滿足人類的慾望與需求來提供服務，生態環境科技卻是在彌補人類過去有意或無意破壞地球生態環境的救贖與解藥。1798 年馬爾薩斯（Thomas Robert Malthus）在《人口論》（*An Essay on the Principle of Population*）裡，闡述如果沒有任何限制，人口將成指數般的增長，但是食物供應卻呈現線性的增長。食物為人類生存的最重要之條件。只有自然原因（事故和衰老），災難（戰爭、瘟疫，及各類饑荒），道德限制和罪惡（包括殺嬰、謀殺、節育和同性戀），才能夠限制人口的過度增長。儘管這種週期性災難始終持續存在人類的歷史軌跡中，但馬爾薩斯的《人口論》一直影響到後世，特別當人口增長到某一極致，自然資源又出現匱乏時，就會出現地球可能終將毀滅的悲觀預期。[12]

12　陳建甫，「環境議題與未來研究」，在《社會未來學》，林志鴻、董娟娟編（台北市：華泰出版社，1999），頁 247-263。

羅馬俱樂部的忠告

1968 年，全球一百位在各領域有影響力的菁英人物，組成全世界第一個以研究人類面臨的重大全球性問題的智囊團——羅馬俱樂部（The Club of Rome），並在 1972 年發表了《成長的極限》研究報告，造成全球轟動。羅馬俱樂部的宗旨是要忠實、深刻地闡明人類所面臨的主要困難，包括：資源有限的地球和人口不斷增長，資源枯竭、環境汙染等問題進行綜合性研究。

能源枯竭也是羅馬俱樂部所關切的問題之一。許多能源專家早在千禧年時，便預測新的生質能源，將繼石油後成為人類重要的能源。他們發現能源的轉換，從早期的煤礦到石油，大多歷經約 70 年的週期，就像先驅研究般，能源也有他的生命週期，從初生期、成長期，到頂點、衰退期，到一直被其他能源所取代。石油地質學家預估，全球石油生產將提早進入到「高峰期」。[13]能源枯竭的情節分析是要世人了解到，高油價世代將比預期來得更早，社會大眾需要去適應這種高油價時代的生活型態，以及提早找尋新的替代性能源。[14]

越來越多新的證據都揭露地球生態與環境正遭受破獲。例如：美國海洋生物學家瑞秋·卡森（Rachel Carson）在 1962 年出版的《寂靜的

---

[13] 高峰理論（Peak theory）早已在 1950 年代由是美國地理學家金·胡伯特（King Hubbert）所提出，在 2000 年，石化能源將到了「高峰」（peak）會逐漸被其他新興能源所逐漸取代。

[14] 陳建甫，「從情節分析看全球氣候變遷」，在《環境變遷與未來趨勢》，陳國華編（新北市：淡江大學，2008），頁 131-152。

春天》（*Silent Spring*），引發公眾普遍關注農藥與環境汙染的問題，也促使美國在 1972 年禁止將 DDT 用於農業上。2006 年，一部根據前美國副總統高爾（Al Gore）研究氣候變遷的多媒體簡報紀錄片《不願面對的真相》（*An Inconvenient Truth*），揭露了氣候變遷的資料並對此做出預測。高爾提出全球暖化的科學證據、討論全球暖化經濟和政治的層面，並闡述他相信人類製造的溫室氣體若沒有減少，在不久後全球氣候將發生重大變化。2015 年中國大陸媒體人柴靜推出的一部關於中國大陸空氣汙染的紀錄片《穹頂之下》，柴靜採用類似 TED Talk 的演說，站在舞台中央。她用親身的故事試著想回答三個問題：「什麼是霧霾？」「它從哪兒來？」「中國該怎麼辦？」引起中國大陸官方與民間大眾，對於中國目前仍使用劣質煤炭所產生空氣汙染、缺乏潔淨能源、汽車碳排放等議題的討論，甚至引發網路社群開始設計 APP 程式來監控周遭 PM2.5 的空氣品質。

這些有害生態與汙染環境的案例，雖然獲得各界的重視，解決危害生態與汙染環境的科技也隨後被研發，例如：美國各州紛紛立法禁止使用 DDT，歐盟法律規定 2011 年將禁用氟氯碳化物 HFC-134A 或氟溴烷〔俗稱海龍（Halon）〕作為冷媒，歐盟國家禁止使用褐煤，需使用精緻水洗的煤礦作為取暖與發電設備，以及嚴格檢測汽車排放量標準，但是，這些新的生態與環境科技並不能阻止現今地球生態環境日益惡化，因為經濟發展遠超過可以永續發展的程度。

在《成長的極限》出版三十週年之際，當年羅馬俱樂部的成員

Donella Meadows、Jorgen Randers、Dennis Meadows 等人，依據 30 年來所累積的資料，使用系統動態理論和電腦模型作業，來分析世界人口成長和物質經濟成長的因果關係。例如：對於人類摧殘氣候、水質、漁場、森林及其他岌岌可危的資源，再次發出警訊，呼籲人類及政府當局正視以永續發展的態度來面對成長極限的課題。並且提出地球社會邁向永續性的五種方法：懷抱願景、建立網絡、說出真話、認真學習和發揮愛心。[15]

二　從制度去解救我們的地球

有鑑於生態與環境科技的研發速度永遠趕不上環境汙染的速度，許多環境生態學家認為其根本的關鍵點是，現今的環境政策無法帶給我們走向永續發展的未來，只是延緩走向崩毀。因此，必須創造能滿足全人類需求的新治理模式與新型態經濟制度，才是根本地解決生態與環境的問題。也就是從過去強調外在物理環境的極限，已轉為關注地球上區域間的不平衡，呼籲人類共同探索，互相學習，並發表了「變革中的人類社會」、「重建國際新秩序」、「超越浪費的時代」及「人類的目標」等報告。[16]

國際之間的環境保護條約也是促使國家、企業與個人必須採取行

15　《成長的極限：三十週年最新增訂版》（*Limits to Growth: The 30-Year Update*），唐妮菈‧米道斯，喬詹‧蘭德斯，丹尼斯‧米道斯著，高一中譯（臉譜出版，2007）。

16　環境科學大字典，國家教育研究院，檢索於 2016 年 6 月 10 日，http://terms.naer.edu.tw/detail/1320840

動，去保護我們的地球。[17]訂定全球的環境保護公約是近年國際間一種
新型態的生態與環境科技思潮去保護地球的生態與環境，例如：2000
年於聯合國舉行的千禧年大會當中，與會的 189 個國家，共同簽署了
《千禧年宣言》（*United Nations Millennium Declaration*），承諾在
2015 年前所要達成的 8 項「千禧年發展目標」（Millennium
Development Goals, MDGs），而從 2015 年 7 月聯合國所發布的結果報
告來看，「千禧年發展目標」在這 15 年的時間全球在這 8 項目標上，
無論在貧窮、飢餓、健康、教育、性別、環境等議題都有些進展。但在
報告中也明指出，儘管有些地方是進步，但仍有許多的挑戰在前方，例
如：

- 性別不平等的問題仍存在：女性仍在工作、經濟、私人與公共決策
  上面臨歧視問題，女性也較男性更可能生活在於貧窮的狀態。
- 貧窮與富足間的懸殊落差仍未消失：無論是國家與國家之間比較，
  抑或是都市與鄉村區域的家戶，財富的懸殊依然很大。
- 氣候變遷以及環境惡化遠超過發展：尤其是貧窮人口在氣候變遷下
  受難最嚴重，溫室氣體的增加已大幅改變生態系統、極端氣候的發
  生頻率增加，將整個社會暴露在嚴重風險之下。
- 跨域之間的分歧持續嚴重威脅人類發展：截至 2014 年底，全球已
  高達 6,000 萬人因戰爭等離開家園，是第二次世界大戰後最高紀

---

17 陳建甫，「對抗全球氣候變遷的行動與策略」，在《環境變遷與未來趨勢》，陳國華編（新北市：淡
江大學，2008），頁 327-353。

錄。

- 貧窮與飢餓的人口仍數以萬計：儘管在對抗飢餓與貧窮，國際已有很大的進展，但這些結果仍是不足的，直到今天，仍有超過 8 億人口在極端貧窮及飢餓的狀態下生活，超過 1.6 億不到五歲的孩童因營養不良而身高不及。[18]

三 聯合國的永續發展目標

2012 年，在巴西里約召開的地球高峰會（Rio+20）中，一致決議以永續發展指標（Sustainable Development Goals，SDGs）作為未來 15 年（2016 至 2030 年）的發展議題主軸，2015 年 9 月 25 日聯合國大會也通過以 2016 至 2030 為期的「永續發展目標」（圖 1），取代 2000 至 2015 為期的「千禧年發展目標」。其中涵括經濟、社會、環境、治理、執行方法等層面，共 17 項目標（Goals）及 169 項細項目標（Targets）。

從 MDGs 到 SDGs，在指標數量上增加超過一倍，除了持續原本 MDGs 所關注的方向目標外，SDGs 在關注的議題上，有所調整及突破，更延伸一些概念與議題的思考，目標的擬定上可看出國際在這 15 年來的合作與努力也比較有進步與經驗。從大方向來看，SDGs 相較 MDGs 在以下三個關鍵有了新的突破：

18　CSRone、林新雅，李振北等著譯，CSR 永續報告平台，【2016，永續新禧年】17 項永續發展目標 (SDGs)，檢索於 2016 年 6 月 10 日，http://www.csronereporting.com/topic_2225。

- 普世標準的廣泛性（Universality）：之前的 MDGs 的擬定方向較針對開發中國家、低度開發國家設計，SDGs 擬定的項目中，更同時適用於已開發及開發中國家，當中參雜了許多已開發國家也面臨的挑戰及議題，如「永續及包容性的經濟成長及就業」、「永續城市和聚落」、「永續消費及生產」等，但也不失對於開發中國家所面臨的難題，如「終結貧窮」、「終止飢餓」、「包容與公平教育」等。

- 永續的整合多元性（Integration）：SDGs 更明確的涵蓋永續發展的三大面向「經濟」、「社會」、「環境」，以多元角度概括勾勒全球整體發展各領域的層面及交織收斂的可能性。17 項「永續發展目標」（SDGs）彼此之間是串連且密不可分的，因此，要確實實行不只從單個目標去思考，而是要將這 17 項目標整合一起構思，包括一個企業／組織內的跨部門合作、國家與國家間的溝通與配合等，也因此目標中「強化全球夥伴關係」會是一個重要的潤滑劑。

- 整體社會的大轉型（Transformation）：要朝這些目標前進，整體社會的思考模式與經濟模式必須要有極大的轉變，不再是工業時代單純以經濟為導向，而是把環境與社會層面的照顧也一起納入思考決策中，也是現在談的「永續經濟」的概念與思維。而這項轉變，不只是政府與企業必須負責的，全球公民也可以透過消費、傳播、行動等方式扭轉整個社會的型態走向。[19]

---

[19]　同上註。

圖 1　17 項「永續發展目標」（Sustainable Development Goals)

資料來源：CSRone 永續報告平台，http://www.csronereporting.com

（四） 巴黎氣候協議

《聯合國氣候變化綱要公約》（United Nations Framework Convention on Climate Change, UNFCCC 或 FCCC），於 1992 年 5 月在紐約聯合國總部通過的一個國際公約，1992 年 6 月在巴西里約熱內盧召開的有世界各國政府首腦參加的聯合國環境與發展會議期間開放簽署。1994 年 3 月 21 日，該公約生效。該公約締約方自 1995 年起每年召開締約方會議（Conferences of the Parties, COP）以評估應對氣候變化的進展。

該公約沒有對個別締約方規定具體需承擔的義務，也未規定實施機

制。從這個意義上說，該公約缺少法律上的約束力。但是，該公約規定可在後續從屬的議定書中設定強制排放限制。到目前為止，主要的議定書為《京都議定書》。1997 年，《京都議定書》達成，使溫室氣體減排成為已開發國家的法律義務。按照 2007 年通過的《峇里島路線圖》的規定，2009 年在哥本哈根召開的締約方會議第十五屆會議將誕生一份新的《哥本哈根議定書》，以取代 2015 年到期的《京都議定書》。

2015 年 12 月 5 日各締約國（方）大會（Conferences of the Parties, COP 21）通過「聯合國氣候變化框架公約」，涵括了全球溫度與碳排控制、提升適應氣候變化的能力，以及籌措相關資金等議題，並取代 2020 年將到期的《京都議定書》。隨後在 12 日，近 200 個國家一致通過《巴黎氣候協議》（*Paris Agreement*），成為繼《京都議定書》之後，具有法律約束力的全球溫室氣體減量新協議。雖然在 2007 年國際社會就開始倡議要有「城市與次國家體系」的角色，但巴黎協議最明確的讓城市有機會以更實質的方式參與全球減量行動。除了城市之外，第 118 至 122 點、第 134 至 137 點決議之處，均提供「非締約方利害關係方」（non-party stakeholder）的參與，這對台灣來講可能是一個參與的機會，未來台灣可以透過這個機制來登錄我們的減量行動和成果[20]。

與會的台灣學者林子倫認為，巴黎氣候協議是一個具有法律約束力的決議，但有法律約束力的部分只及於機制和做法，減量目標則是以自

---

[20] 彭瑞祥，「巴黎氣候協議正式通過學者：對台灣深具意義」，環境資訊中心，2015 年 12 月 13 日，檢索於 2016 年 6 月 10 日，http://e-info.org.tw/node/112097。

願的方式提出，如果大家回想 UNFCCC 氣候變遷綱要公約的精神，原本就是要求工業國家的減量責任，美國之後一直想把開發中國家放進來，但這次透過 NDC 的機制，不必更動到公約本文，就產生「由下而上」的減量目標。[21]

整體而言，巴黎氣候協議把限制升溫 1.5℃ 放入長程目標，以及把人權、原住民和婦女的參與都首次寫進協議，算是一項進步，不過，拿掉原本的「每五年之後還要更強化」的說法，則削弱原來草案的強制力。不過「永續發展目標」（SDGs）和「巴黎氣候協議」這兩份文件，提供全世界明確的長期發展框架，也將是未來十幾年全球各界共通的「通關密語」。

四　醫療與生技產業的興起：防疫大作戰

一　病菌改變人類的歷史

翻閱人類的歷史無疑是對抗各種病菌戰役存活下的生存史。在瑪麗‧道布森（Mary Dobson）的《疾病圖文史：影響世界歷史的 7000 年》書中，依照疾病發生的年代，歸類出：瘧疾和血吸蟲病等屬於「古代的」疾病，大概是在 7,000 年前隨著人類及其馴養動物生活的逐漸密集而興起，由動物疾病成為人類疾病。人類感染天花和麻疹等疾病（很

---

21 同上註。

容易在人與人之間傳播）則是在西元前 3000 年左右，伴隨著早期城市化的步伐而出現的。隨著陸上和海上貿易通路的開啟，特別是在 15 世紀末大航海時期，很多疾病原本只發生在某些地區，卻出現在不同地區之間與不同大陸之間，病菌的傳播速度也大大加快。

黑死病是人類歷史上最嚴重的瘟疫之一，在 1340 年散布到整個歐洲，這場瘟疫在全世界造成了大約 7,500 萬人死亡，根據估計，瘟疫爆發期間的中世紀歐洲約有 30% 至 60% 的人死於黑死病，整個歐洲社會文明幾乎快要被黑死病的病菌給吞噬。

18 世紀中期，天花已成為全球主要的流行病之一。在歐洲，天花是奪取最多性命的疾病，每年約有 40 萬人因天花而死。在東方的滿清皇室，甚至以是否長過水痘，作為日後皇子是否能繼承王位人選的標準。一直到 1796 年英格蘭醫生愛德華・詹納證實了「牛痘」，[22] 接種疫苗比由人痘接種術要來得安全，後來研發的疫苗才又從牛痘病毒被換成了更有效的痘苗病毒（與牛痘及天花隸屬同一病毒科），才陸續根除這種困擾人類文明甚久的疾病。

隨著更多新的醫療與生技科技的研發，例如：法國科學家巴斯德在 1885 年發明了狂犬病疫苗。1882 年，德國醫生科赫運用先進的細菌學技術分離出了結核桿菌，才真正了解這種古老被稱為「癆病」的疾病。1884 年又成功地分離出了霍亂桿菌。1944 年，美國人發明了鏈黴

22　他將此物質命名為「疫苗」（vaccine，取自拉丁文中意指「牛」的「vacca」一字）。

素……多種疫苗的研制成功是人類與傳染病戰爭裡的重大成果。1921年，預防結核病的卡介苗脫穎而出。

除了靠人類的自我免疫系統產生抗體外，青黴素是人類使用的第一個抗生素，它徹底改變了人類的醫療方式。1928 年秋，佛萊明（Alexander Fleming, 1881-1955）在實驗室裡注意到，一個放置多天準備丟棄的細菌培養基被一種綠色的黴菌汙染了，在黴菌菌落的四周並沒有任何細菌生長，形成一個明顯的生長抑制圈。於是他把這種黴菌〔青黴菌（Penicillium notatum）〕純化分離出來加以培養，發現培養後的黴汁中含有一種可以殺死細菌的物質，他把這種殺菌物質稱為「青黴素」〔盤尼西林（penicillin）〕。

「青黴素」是人類首次使用抗生素去對抗病菌，而抗生素的發明，也象徵著人類歷史上一個新紀元的到來；1928 年，一種治療百日咳的疫苗誕生。然而，歷史上死亡人數最多的一次瘟疫，既不是鼠疫也不是天花，而是流行性感冒。1918 年，一場致命的流感席捲全球，造成了2,000 萬到 5,000 萬人死亡。這場流感起源於美國，據推測有可能是從豬身上傳播的。近 1/4 的美國人得了流感，導致 50 多萬人死亡，幾乎一半的死者是健康的年輕人。

即使一般流行性流感，雖然沒有這麼致命，但是平均每年在美國也導致 11 餘萬人住院，34 萬人死亡。流感作為一種由病毒引起的傳染病，幾乎沒有特效藥可治，不過日後發現可以注射流感疫苗加以預防。

儘管注射流感疫苗可以有 70% 至 90% 的成效。但是流感病毒極其容易發生變異，每年流行的流感病毒類型又不一樣，因此必須每年注射不同變種病毒的疫苗才能發揮作用。[23]

在消滅了天花之後，世界衛生組織（WHO）計畫在 2000 年消滅小兒麻痺症、麻風病、麥地那龍線蟲病等傳染病。其中較為成功的是消滅小兒麻痺症，小兒麻痺曾經在 1960 年在台灣流行，在強制接種疫苗後，才逐漸控制疫情。目前在絕大多數國家（包括中國）都已消滅，只剩下 10 個國家，數百個病例。

21 世紀是人類少有可以比較安心存活在沒有病菌威脅的世紀。人類可以主動地運用醫療技術，讓健康獲得保障，延長平均壽命。根據世界衛生組織（WHO）發布的 2015 年版《世界衛生統計》報告，指出目前全球人口平均壽命為 71 歲，其中女性 73 歲、男性 68 歲。從總體上看，全世界人口的壽命都較以往有所增加，其中日本為最長壽國家。而這一資料與 1990 年出生嬰兒的預期壽命相比，都各增長了 6 歲。[24]《2013 年全球疾病負擔研究》報告則發現，拜醫療科技所賜，在部分低所得國家像是尼泊爾、盧安達、衣索比亞、尼日、馬爾地夫、東帝汶和伊朗，在過去 23 年的平均壽命出現特別的增長，男女都提高了超過

---

23 方舟子，「歷史回眸：鼠疫、天花……人類與瘟疫的較量」，環球時報，2003 年 4 月 25 日，第三版，檢索於 2016 年 6 月 10 日，http://www.people.com.cn/GB/shehui/212/10548/10655/20030430/982915.html。

24 「世衛報告：全球人口平均壽命 71 歲」，中時電子報，2015 年 5 月 14 日，檢索於 2016 年 6 月 10 日，http://www.chinatimes.com/realtimenews/20150514002966-260408。

12 年。在印度平均壽命也大幅延長，在 1990 至 2013 年間，男性增加了近 7 年、女性則是超過 10 年。[25]

二　全球防疫大作戰：**SARS** 防疫的啟示

全球化中便捷的交通工具，特別是航空交通，讓病菌傳布的速度，比過去在陸運或航海時期，更加快速，也因不同國家社群人們密切的交流，大幅增加病菌變種的機會。流行病病理分析專家很難預測，究竟明年會流行哪些流感病毒，通常要到最後才會通知製藥廠，準備製造隔年的流感疫苗，且通常要準備好幾種的病毒株疫苗，以防止不同類型流感的突然擴散。

有些則是人類社會新出現的疾病，像是愛滋病，在過去 50 年左右的時間內開始興起，並迅速地傳播。有些疾病似乎是興起了，隨後又突然消失，例如：SARS 是 21 世紀第一種嚴重且容易散布的新型疾病，2003 年，它在短期內傳遍全球然後，卻消失在人類視線中。在以下，我們將針對 SARS 期間，台灣與全世界是如何對抗這種史無前例的 SARS 病菌，以及慘烈的奮戰疫情加以整理。

2002 年 11 月，這種不知名的「嚴重疾病呼吸道症候群」（SARS）開始在中國廣東流行。由於中國隱瞞，導致 2003 年 3 月開始，SARS 蔓延到世界各地，引發全球的 SARS 大流行，至少 30 個國

25　該報告由比爾暨梅琳達蓋茲基金會贊助，參考「全球平均壽命 71.5 歲比 1990 年增加 6 歲」，關鍵評論，2014 年 12 月 19 日，檢索於 2016 年 6 月 10 日，http://www.thenewslens.com/article/10518。

家受到波及，台灣、香港、加拿大、新加坡、越南受創特別嚴重。在 30 個受到 SARS 侵襲的國家中，絕大多數國家皆能有效控制 SARS 的蔓延，即使在醫療資源極端貧乏的越南，也能成為最早控制 SARS 感染的國家。

台灣在初期的防疫成效頗具成效，2003 年 4 月 20 日舉辦全球第一場 SARS 國際研討會，政府仍沾沾自喜創下「零死亡、零輸出、零社區感染」的三零紀錄，未料 2 天後，和平醫院就爆發院內集體感染事件，院方卻刻意隱瞞疫情，於是中央、北市府下令「封院」，疫情自此一發不可收拾。2003 年 4 月 24 日：行政院與台北市政府共同宣布和平醫院封院 14 天，要求全院 900 多位醫護人員返院隔離，家屬居家隔離，200 多位住院病患集中治療，總計約 1,200 人被鎖在醫院鐵門內，求助無門。[26]

SARS 病毒衝破防疫網，在台灣南北竄燒，造成社會動盪不安，重創產業經濟，損傷台灣國際形象。從 2003 年 3 月 14 日首見病例以來，至 2003 年 7 月 5 日（感染區除名）共有 674 個病例，其中 84 人死亡（表 1）。[27]疫情流行期間，SARS 列入為第四類法定傳染病，並創下光復以來，醫院封院、街坊封樓、院外發燒篩檢的首件案例，也造成中央和台北市衛生首長下台。

---

[26]　「新 SARS 來勢洶洶：回顧 12 年前，和平醫院的「官僚殺人」實錄」，報橘，2015 年 5 月 28 日，檢索於 2016 年 6 月 10 日，https://buzzorange.com/2015/05/28/mers-remind-us-sars-in-2003。

[27]　資料來源詳見，嚴重性急性呼吸道症候群網站 http://www.24drs.com/sars/2-4.asp

　　SARS 會在中國（包括香港）與台灣造成嚴重傷害，皆因為「欺瞞」所造成。台灣更罕見地採取封院的舉動，引起全國的恐慌，總統馬英九事後表示「封院是正確決策」，不但阻絕了對外的感染，也使得院內的感染得到控制；雖然封院後還有死亡的病例，但都是封院前就感染的個案。柯文哲在 2014 年競選台北市市長時就指出，「和平醫院封院是錯誤決定」，應該是釋出空間，一人一間隔離並疏散，而不是把全部的人封在醫院裡，「只有 15 世紀的黑死病鼠疫才用這個方法」，且實施封院決策後，當局者也沒有給予院內的醫護人員適當的隔離防護措施，導致後續造成更多病例與傷亡。

表 1　全球 SARS 病例統計表（截至 2003 年 6 月 7 日止）

國家	累計病例數	死亡人數	死亡率(%)
中國	5,327	348	6.5
中國香港	1,755	298	17.0
台灣	671	84	12.5
加拿大	250	38	15.2
新加坡	206	32	15.5
其他	1,983	13	0.7
總計	8,437	813	9.6

資料來源：嚴重性急性呼吸道症候群網站（http://www.24drs.com/sars/2-4asp）。

三　台灣的醫療與生技產業

　　早在 1982 年，台灣行政院就將生物科技列為八大重點發展產業之一。在 2007 年政府通過「生技新藥產業發展條例」更是讓生技產業成

為唯一可享有我國租稅優惠的產業，但醫療與生技產業仍屬新興產業，與已經成熟的電子科技產業，動輒數兆的產值或鉅額的投資金額，簡直無法比較。不過據統計，2013 年全球半導體產值約 3,062 億美元，但是，估計全球醫藥產品（含藥品、器材）總產值已經突破 1.3 兆美元，生技醫療產業是半導體產值的近 4 倍！且預估 2020 年產值將達到 1.6 兆美元。醫療與生技產業將成為未來台灣必須要去積極投資與研發的產業。

台灣生技醫療產業主要分為器材、製藥與應用生技產業三項，其中醫療器材占比例最高，次之則是製藥產業。根據經濟部工業局《2015年生技產業白皮書》指出 2014 年台灣醫療與生技產業的產值高達 2,886億臺幣，大多以醫療器材為主，高達 1,232 億臺幣（約占 42.7%），舉凡健康檢查、生病、手術，都需要醫療設備，主要是以台灣工業技術搭配醫療技術與醫療運用為核心。相較之下，在製藥技術產值僅有 832 億臺幣（28.8%），其中包括醫療用藥與食品保健產品，以及應用生計產值有 822 億臺幣（28.5%），這與西方發展國家百年致力於研發的製藥產業，台灣在製藥技術研發與應用生技產業，仍然還有相當大的努力空間。

醫療生技產業是一個資金、技術、專業相當密集的產業。儘管受惠於台灣資通訊及半導體的成熟製程，為醫療器材產業製造了良好的發展環境，但是國內廠商多屬中小企業，受限資本金額，較無完善的設備及研發能力，再加上台灣本身內需市場小、生產成本高，相對國外全球性廠商，國內廠商的競爭力明顯不足。

全球生技產業中，有一半以上產值來自製藥，但比起耗時長、投資成本高、回收利潤卻最大的「原廠藥」，台灣目前的製藥產業多以生產原廠藥專利過期後核准生產的「學名藥」，例如：阿斯匹靈成分的乙醯柳酸（acetylsalicylic acid）、普拿疼成分的「Acetaminophen」（乙醯胺酚）等，及「中草藥」為主，甚至較無風險性的「保健食品」，這意味著，台灣的製藥產業仍以代工低利潤的產品為主。

新藥的研發更需要大筆資金投入以及很長的人體實驗。過去備受爭議的宇昌案，當時愛滋病雞尾酒療法發明人何大一，在研發愛滋新藥的過程中，就面臨嚴重的資金缺口，儘管當時剛卸任的行政院副院長蔡英文極力扶植，但後續資金糾紛，再加上募資不足，也讓此次的新藥未開發即夭折[28]。近期的浩鼎乳癌新藥「解盲」[29]失敗消息曝光，造成股價狂跌，也透露出醫療生技產業在研發過程中的極大風險。

五　結論

科技對全球的影響已經是全球化中的重要趨勢，很難有國家或社會可以置身事外或獨立抗拒。1996 年 7 月 5 日，第一個被成功複製的哺

28　「拚經濟！生技產業是台灣的王牌？」預見雜誌，檢索於 2016 年 6 月 10 日，http://journal.eyeprophet.com/%E6%8B%9A%E7%B6%93%E6%BF%9F%E7%94%9F%E6%8A%80%E7%94%A2%E6%A5%AD%E6%98%AF%E5%8F%B0%E7%81%A3%E7%9A%84%E7%8E%8B%E7%89%8C/。

29　藥物測試中經常使用雙盲測試，即病人被隨機編入實驗組及對照組，實驗組給予真正藥物，對照組給予安慰劑。無論是病人或研究人員都不知道誰得到真正的藥物，直至研究結束為止，才進行資料解盲（unblind）與分析。

乳動物綿羊桃莉，利用細胞核移植技術將哺乳動物的成年體細胞培育出新個體，這個消息震驚全世界，也讓世人對科技的未來充滿了想像。

約翰·賽茲（John L. Seitz）在《全球議題》這本書裡，揭露富裕與貧窮，人口、糧食、能源、環境、科技等全球性議題。其中在討論全球科技議題時，賽茲要世人謹記四項教訓，包括：(1)利用科技雖然可以獲得短期利益，但可能使某些長期目標不能實現，例如：可能造成更多的公地悲劇(the tragedy of the commons)[30]；(2)利用科技可能帶來不可預期的後果，例如：早期的 DDT 與近期核能廢料處理的問題；(3)在特定形式下，利用某種類型的技術可能並不適當，例如：網際網路與教育科技的使用有可能拉大城鄉，或有錢或貧窮國家學生在學習上的數位落差（digital divide）；以及(4)仍有許多問題是科技無法解決，例如：引進國際技術與資金援助並不能解決問題。

科技對全球化的影響，特別是對本土技術、產業、經濟與文化社會勢必造成衝擊，除了有助社會的進步外，也加速淘汰舊有的事物，特別是對舊有文化的過時思想及社會關係。有人會憂慮科技對在地文化的宰制，但是科技也會隨著全球的脈絡，將本土有特色、創新事物，帶到世界其他地區發揚光大。

對於已開發國家人民渴望透過大數據資料分析去解構 DNA 基因圖

30　Garrett Hardin（1968）指出地球上被許多或所有國家所共同使用的部分，包括：海洋、國際水系、海底、大氣與外太空經常因為短期的利益而遭受破壞。

譜，從預防醫學的角度來防治可能的疾病，但是在開發中國家的政府，則希望透過環境科技的協助，改善日益惡化與枯竭的水資源，讓人民可以飲用乾淨的水，而在南亞和撒哈拉沙漠以南的非洲貧苦兒童，每年有 900 萬兒童還不滿 5 歲就夭折，其中每 5 個人就約有一名死於腹瀉。只需要新臺幣 100 塊不到的錢購買家庭用的氯就可以淨化水質，防止腹瀉，而便宜到幾乎免費的口服補充液鹽，類似運動飲料或生理食鹽水補充點滴，則是預防腹瀉脫水可能致死的絕佳處方。這些處於貧病困境家長們，只是希望治療腹瀉的藥丸或口服補充液鹽能夠及時運到，挽救因腹瀉而日益消瘦的子女[31]。

人類已經從過去崇拜科技、認為科技萬能、人定勝天的想法中記取教訓，例如：極端氣候引發暴雨後常見的土石流，或 311 地震引發的日本福島輻射外洩事件，這些天災人禍都是因為人類過去長期輕忽生態環境或濫用科技所造成。我們渴望在全球化下，資訊科技、生態環境科技、醫療生技，可以協助世人追求更舒適、更幸福（happiness）、更健康、更安全的生活環境，透過科技傳遍各地，除了幫助落後地區促進發展外，也順便幫助自己，一起為保護地球永續發展來努力。

---

31 「每年有一百五十萬名兒童死於腹瀉，但是預防疾病真的有我們想的困難嗎？」，報橘，2016 年 4 月 5 日，檢索於 2016 年 6 月 10 日，https://buzzorange.com/2016/04/05/health/。

問題與討論

一、你認為科技始終來自於人性？還是科技會讓人越來越依賴科技？面對全球化的競爭，台灣電子資訊科技產業，未來要朝哪個方向去發展？

二、全球各國都朝向「永續發展目標」（SDGs）和「巴黎氣候協議」所揭示的保護地球生態環境的目標來邁進，請問台灣的政府、企業與民間，應該有哪些作為或行動，可以落實這兩份文件的目標。

三、全球皆關注醫療生技產業的發展，但是有些開發中國家，卻面臨到沒有簡單的醫療或衛生條件的困境，台灣有哪些民間社團，已經看到這些全球醫療衛生匱乏的問題，他們在哪些國家進行何種醫療或人道救援的工作？

7

Chapter 崔琳

文化全球化

一　前言

　　科技技術的進步，使得全球跨越實質的地理疆界的限制，世界形成了一個地球村，促進各國文化的傳播與發展，這些現象無時無刻出現在我們的生活中：早上七點鐘 iPhone 鬧鈴大聲作響，起床換上前幾天在西班牙品牌 ZARA 購入的洋裝搭配上個月赴泰國旅遊購入的短靴出門，匆忙於隔壁的麥當勞買早餐後趕著上學。捷運上聽見隔壁座位的情侶討論這禮拜於巴西舉辦的世界盃足球賽，不禁熱血沸騰，期待今晚烏拉圭與阿根廷爭奪賽的轉播。上午的日本古典文學課程，選讀日本婦孺皆知的《源氏物語》；中午時分到大學城吃最喜歡的越南料理，配上珍珠奶茶，可稱為人生一大享受；課後的社團時間隨著音樂盡情搖擺，大跳佛朗明哥舞。返家的途中買了現今最夯的韓式炸雞配啤酒當宵夜，為今天畫下一個美好的 ending。看似平凡無奇的生活，實為文化全球化下之產物。本章將分別分析文化與全球化之定義與二者間的關係及文化全球化之過程，最後探討現今文化全球化之現象對當代社會之影響。

二　文化全球化之定義

一　文化

　　文化（culture）的概念源自人類學，起源於拉丁文「cultura」，18世紀後才被廣為使用。文化的定義一向廣泛且複雜：文化可說是發展和

提高人們能力的過程，此為透過閱讀學術著作與研析藝術作品所衍生的漸進式過程，並與現代化的進步特徵相互聯繫；[1]文化可以被解釋為人類經由象徵性符號的運用，創造出的意義經過許多世代的演變，形成生活秩序；文化是生活的點滴，非少數人獨有的特權，而是生活中的所有行為，[2]包含食、衣、住、行、育、樂等生活經驗的具體實踐；[3]文化指社會間存在的價值觀（values）、信念（beliefs）及風俗（customs）；[4]文化為人類由交互關係與勞動生活而產生之延續累積的結果，其中包括物質與非物質的產物，舉凡人工製造所得的實物、制度、生活樣式或思想樣式都可以稱為文化，所以文化不是個人特殊產品，而是社會的產物。[5]

綜合上述定義，文化可被界定為以下三類特性：首先，強調文化具有規範性，為一種具有特色的生活方式；再者強調文化的歷史性，強調文化為社會的傳統性，認為文化為社會之延續性；最後強調文化的心理性，認為文化為滿足欲望、解決問題、適應環境及人際關係的制度，是調適、學習和選擇的過程。[6]而文化的重要性在於其對社會及個體的思想、價值觀、行為等無形的影響。

1　王逢振，《文化研究》（台北：揚智出版，2000），頁4-6。

2　John Timlinson，鄭棨元、陳慧慈譯，《全球化與文化》（台北：韋伯文化事業出版社，2001），頁21-22。

3　Raymond Williams, Cultural and Society 1780-1950 (Middlesex: Pelican, 1958), p. 18.

4　An Introduction to Organizational Behavior, http://2012books.lardbucket.org/pdfs/an-introduction-to-organi-zational-behavior-v1.1.pdf (Accessed: 2016.03.21).

5　洪啟昌，「教育行政機關組織文化、知識管理與組織學習關係之研究」，國立政治大學教育研究所博士論文，2005年，頁16。

6　同上註，頁17。

文化的存續要靠傳承，因此與文化密切相關的概念是傳統，即過去仍持續到現今的事物，它傳遞到接收者身上，且繼續發揮作用，並為接收者所接受，又將其一代一代傳下去。一般而言，傳統文化是在某個歷史及地理上十分明確存在的社會裡孕育，並且不斷傳承，因而各文化呈現的是「在地化」的特色。然而，「離散族群」（diasporas）的在地化不受限於地理條件限制，分布世界各地，彼此之間說著不同的語言——不同的「語言社群」。在全球層級經由這些「離散族群」的文化交流，文化成了凸顯「相異性」，也就是具有識別作用的文化；具有定位、建立關係或調解功能，即導引作用的文化；和無時無刻不在改變，依照歷史背景而不斷重新表述的活文化。[7]

全球化

21 世紀已成為一個地球村，身處於太平洋的台灣能夠即時了解地球另一邊正發生的事，千里外所發生的事與本地亦有相互連結之可能性，全球化已成為不可抵擋之趨勢。全球化（globalization）一詞最早出現於 1961 年出現，[8]其非短時間所形成，主要可分為以下五個連續階段（見圖 1）：[9]

7　Jean-Pierre Warnier，吳錫德譯，《全球化與文化》（台北：麥田出版社，2003），頁 22-38。

8　R. Kilminster, Globalization as a Emergent Concept, in A. Scott ed., *The Limits of Globalization: Cases and Arguments*, (London: Routledge, 1997), p. 257.

9　Roland Robertson, *Globalization: Social Theory and Global Culture* (SAGE Publications Ltd., 1992), P. 58-60. 轉引自詹中原，「全球化之國家主權與經濟——兩岸加入 WTO 之分析」，檢索於 2016 年 3 月 22 日，http://old.npf.org.tw/monthly/00109/theme-157.htm。

1. 1400 至 1750 年間，歷經基督教國家的解體、地理大發現後興起的資本主義及殖民主義，為全球化之萌芽階段。

2. 1750 至 1875 年間，國與國間的正式外交，通信協定、國際法律協定的出現與國際博覽會的舉辦，及國際主義與普遍主義概念的首次提出，為全球化之發軔階段。

3. 1875 至 1925 年間，國際通信、運動與文化的密集連結與第一次世界大戰的爆發、大量的國際遷移與國際標準的制定（國際換日線、時區等），加速全球化現象起飛。

4. 1925 至 1969 年間，國際聯盟、聯合國等國際組織的出現，第二次世界大戰後的殖民地解放，冷戰中美蘇兩大強權之對立與第三世界的產生，致全球化開始進入爭霸階段。

5. 1969 至 1992 年間，科技的發達加速大眾運輸的傳播，柏林圍牆倒榻與蘇聯的解體使國際局勢更複雜易變，此外，全球對全球環境問題的重新認知等因素，使全球化的發展走向不確定階段。

　　由此我們可以看出，全球化不僅是一種客觀的趨勢，當代通訊與信傳播，以及現代交通運輸工具的科技進步也推進了全球化進程。通訊與信傳播使得處於不同文化背景的人得以交流，尤其是現代傳播產業與網路科技的發展，不但使地球上每個角落生活的居民能成為重大事件目擊者，電子信息技術也為全球經融業提供了基礎設施，各地經濟活動更加頻繁與緊密。當這一切與現代交通運輸工具與設施的發展同步提升，使得不同地區之間的距離不但在時間上，在空間的感受也大為縮短，「國

際分工體系」與「國際化的生產格局」因而形成。[10]

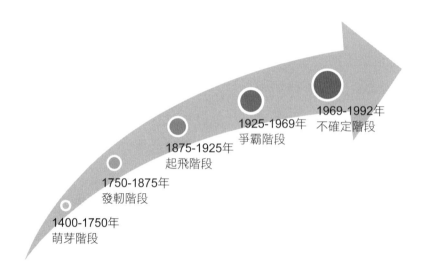

1969-1992年
不確定階段

1925-1969年
爭霸階段

1875-1925年
起飛階段

1750-1875年
發軔階段

1400-1750年
萌芽階段

圖 1　全球化發展階段示意圖

　　當談及全球化的含義時，不同學者對全球化給予不同的定義：全球化顯示出一種跨國界，全球走向同一步調，加上科技的進步加強空間的鄰近感（如航空飛行、大眾資訊的傳播使全球時間、空間的落差減少），逐漸成為地球村、世界鄰居；[11]全球化為一種社會過程，地理因素對社會和文化安排的束縛降低；[12]全球化為世界各文明逐漸形成單一全球系統（single global system）的歷史過程，而這個過程也是社會、政治與經濟活動跨（國家）界線延伸的過程，其影響在於一個區域內所

10　孫洪斌主編，《文化全球化研究》（成都：四川大學出版社，2009），頁 2-5。
11　John Timlinson，鄭棨元、陳慧慈譯，《全球化與文化》，頁 3-4。
12　Malcolm Waters，徐偉傑譯，《全球化》（台北：弘智文化，2000），頁 4。

發生的事件、所做的決定，以及所從事的活動可以對另一個區域的個人或群體具有一定的重要性。[13]

因此，全球化的範圍含括了各國之間經濟、政治、文化、法律等全面的碰撞、吸收與融合的過程。就經濟全球化而言，它包含了商品市場、資本市場（金融）、勞動力市場（生產）的全球化，與高新科技的發展所導致的運輸與通訊成本降低，從而推動了國際貿易，跨國投資和國際金融的迅速發展有關。不過隨著全球互動日益密切，全球性的問題也層出不窮，這些問題有賴各國、各地區甚至各地公民共同解決，因此全球治理問題也成為全球化時代重要面向，這些問題包含了南北平衡、發展援助、債務減免、環境保護，甚至與全球安全議題相關的恐怖主義和難民問題。經濟全球化與全球治理必然引起法律的全球化，不僅國內法的國際化，一些國際法的規定也國內化，成為各國共同認可的法律條文。文化的全球化便在經濟全球化、全球治理與相關規定的密切互動下，形成各種文化與價值的碰撞與整合。[14]

三 文化與全球化

1. 文化對全球化的影響

文化為生活的點滴，或許有些人會認為文化對於全球化影響輕如鴻毛，其僅為描述日常生活的過程與特徵。然而，全球生活的反思性

---

13 魏玫娟，「全球化脈絡下的公民身分政治：戰後台灣『公民身分』論述的演變及其對台灣民主政治的影響之初探」，頁 1，檢索於 2016 年 3 月 22 日，http://www.ipsas.sinica.edu.tw/image/ipsas/1/526.pdf。
14 孫洪斌主編，《文化全球化研究》，頁 6-7。

（reflexivity），即社會活動的回歸反映告訴我們，社會活動會一再依據本身活動所獲得的外界反應並回溯至本身，且進一步根據所獲得的資訊決定下一步的因應行為。[15]因而文化的重要性便在於它影響社會中個人與群體的行為模式，間接影響社會團體及組織行為，甚至影響到跨國性的活動。舉例來說：美國平價服飾 GAP 深受時下年輕人所喜愛，全球於 50 多個國家皆有設點。為節省成本，該公司選擇將製衣工廠移至境外的開發中國家以降低勞動成本，卻被爆出其於境外虐待勞工，包括非法雇用童工、超時工作、支付過低薪資、對欲放棄工作的員工進行罰款等，因勞工問題使其被評為 2014 年最無良企業，除此之外，其所生產的服裝多次被檢驗出有害化學物質殘留，由於當今人權與環保意識的抬頭，此一訊息爆發後消費者在購物時便會加以思考，使其品牌銷售業績因此受到影響，間接影響到埃及、摩洛哥、中國和越南等地勞工的工作機會（見圖 2）。

15　John Timlinson，鄭棨元、陳慧慈譯，《全球化與文化》，頁 28。

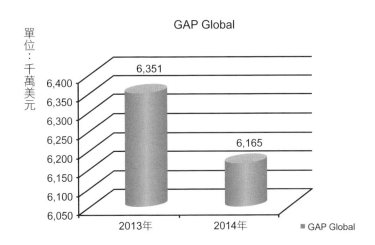

圖 2　GAP 2013 年與 2014 年銷售額

資料來源：GAP Inc. annual report.

　　1997 年亞洲金融風暴蔓延到韓國，使其國家經濟狀況下滑。但在 2000 年韓國政府結合影劇來行銷國家特色，包含韓國風土民情、歷史、美食、傳統及流行服飾等，全球興起一陣韓流瘋，消費者的偶像崇拜使其模仿韓劇主角的穿搭、學習韓語、前往韓國旅遊等，帶動韓國影劇業、服飾業、觀光業等產業之發展，透過軟實力重新以文化大國的角色崛起於國際。綜上述可知，文化之所以攸關全球化，是因為文化活動產生了擴及全球的影響。

2. 全球化對文化的影響

　　全球化左右我們如何表達「文化」的概念，它打破文化局限於一地域的意義，並將文化與地區密不可分的關係摧毀殆盡，一方面在全球化架構下，文化是由不停遷徙的人所賦予的，因此打破了地域性。另一方

面，多數的文化實踐與行為依舊發生在固定地點的日常生活中，但是透過網路、電視、收音機、遊客、商品、軍隊而出現文化轉變，因此文化實踐空間的改變，出現解領域化（deterritorialization）現象。[16]

從日常生活用品的使用、購物選擇多樣化及國際間的交流等面向皆可觀察到全球化對生活的影響，透過全球化，現代人可以無遠弗屆地與世界各個角落溝通、交流。而文化正為日常生活的經驗，全球化左右我們如何表達當代「文化」的概念。過去學者認為文化只限於一特定區域內的概念，表達了特定區域中生活意義的累積，展現該地的特質，並強調疆界的限制與凝聚傳承的傳統。[17]然而，在全球化浪潮的影響下，實質的地理疆界被傳播技術、交通技術的進步所打破，並被跨國企業、非政府組織、國際聯盟與無邊界的網路平台所穿透。以服飾來說明，在全球化浪潮席捲全球以前，各地區擁有獨特的傳統服飾：中國領口高、袍身窄的旗袍；日本完全不用鈕扣，由腰帶束縛與固定造型的和服；印度以一片絲質或布料紗布變身的紗麗（Sari 或 Saree）、俄羅斯粗布襯衣搭配外罩長袍的傳統服飾、挪威白襯衫搭配長袍的巴納德（Bunad）、法國巴洛克風格禮服等，因此從衣著便不難分辨出隸屬於哪一地區的族群。而在科技的進步下，各地特色服飾可以透過大眾傳媒、交通運輸、網路平台等輕易傳播至全球。除此之外，全球化亦衝擊世界各地文化之發展，由於文化的地域性逐漸瓦解，現今若要以服飾來判定一個人來自

16　同前註，頁 32-33。
17　同上註，頁 31。

哪一個國家難度大大提升，全球市場的形成，加上資訊科技的創新、進步，西方化的牛仔褲、T恤、迷你裙等在全球廣為流傳，流行文化資訊快速傳播使得全球文化經驗整合，走向趨近一致性。

　　而在全球經濟依存關係日益增長的情況下，促進勞動市場的全球化，如同前文所述，跨國企業為降低生產成本，常於勞動成本低的國家設置廠房（如企業至中國、越南等地區設廠）、薪資水準較低的國家向薪資高的國家流通（如年輕學子至海外從事打工遊學；台灣聘用泰國、印尼等外籍勞工等）。在外來移民數目增長的情況下，將會影響本土國的文化發展更加多元化：桃園縣的外籍勞工數量為全台第一，為解鄉愁，在桃園火車站附近林立許多道地的東南亞小吃店。

3.文化全球化

　　由於全球化本身是全球整合的過程，文化則是代表人們日常生活的方式。因此文化全球化即為全球各國人們食、衣、住、行等生活方式的跨國流通，包含國際知名品牌大眾化、通俗文化的全球優勢、透過衛星傳播將節目同時傳播到全球、網際網路的普及化、跨國聯盟與國際政治勢力跨境擴張等。以歐洲聯盟為例（European Union，以下簡稱歐盟），1952年僅有德國、荷蘭、比利時、盧森堡、法國、義大利等6個創始國，至2016年的今天，已擴張至28個成員國，總面積約為432萬平方公里。雖然歐盟屬政治經濟聯盟，然其大刀闊斧的國際整合政策與合作關係，大幅降低傳統的疆界觀念，對文化面之影響甚大。舉例來說：在能自給自足的前提下，歐盟成員國任何國家的公民都可以在成員

國內自由居住和工作；制定《申根公約》取消相互邊境檢查，即取消成員國間的邊境管制，申根區目前包含 26 國，其中有 22 個屬於歐盟成員。透過成員國公民在國與國間的流通、旅行，各國文化實踐與行為輕易地可以傳播到他國，亦便於了解他國的文化，形成「解領域化」，即文化與地理、領土間的關係逐漸消失。而文化全球化的特點可以區分為以下五個面向：(1)跨區域、跨文明與洲際的文化交流與制度；(2)在 18世紀末起，西方社會的世俗新意識型態與思維模式的發展與普及逐漸成為文化全球化的中心；(3)文化權力平衡呈現在民族國家與國家文化的發展上，科技的發展與文化全球化的擴張成正比；(4)大眾文化的產物以及消費主義與物質主義逐漸普及，使得文化全球化走向一致性。[18]

三 文化全球化之過程

歷史面向

全球化是一連續性的過程，文化全球化之發展亦非特例，早期促成文化實踐空間改變的技術革新與社會革新除了世界性的宗教、帝國擴張等發展之外，18 世紀的現代國家文化與跨國世俗意識型態所產生全球影響也是當代全球化歷史演進重要過程的一部分。

---

[18] David Held, Anthony McGrew, David Goldblatt and Jonathan Perraton，沈宗瑞、高少凡、許湘濤、陳淑鈴譯，《全球化趨勢與衝擊——全球化對政治、經濟與文化的衝擊》（台北：韋伯文化國際出版有限公司，2001），頁 412-413。

　　首先，宗教信仰對於人類歷史文化上占有重要地位，即便在科學當道的 21 世紀，各地信徒數量依然眾多。全球三大宗教中，基督教發源於西亞地區，主要分布在歐洲、美洲、大洋洲等；伊斯蘭教誕生於沙烏地阿拉伯，主要分布在中東、北非、中亞等地區；佛教起源於印度地區，主要分布於印度、東亞、東南亞等地區。由上述可以發現，宗教信仰的信徒散布於全球各地，已大幅超越其發源地，可稱之為「世界宗教」，世界宗教與其他諸多信仰之區別的因素，乃是地理擴張的範圍對社會所造成的影響。其中最顯著的便是基督教與伊斯蘭教：地理大發現後，在軍事與殖民擴張的同時進行宣教活動，基督教開始流傳於全球；而阿拉伯於西元 8 世紀時，足跡遍布全球，並透過通婚、政治、經濟上的互助條款，擴張了伊斯蘭教的信仰人口。世界宗教賦予宗教與政治菁英龐大的權力與資源，得以動員軍隊與人民，發展認同與忠誠、確立社會神學與法律基礎結構，且宗教教義所規範道德信念和行為守則影響信徒的意識型態與活動，改變了信徒的生活文化。[19]

　　類似權威關係與控制關係延伸與深化模式的政治全球化出現在早期帝國的擴張與統治，即以武力、經濟、政治角逐侵略較落後的國家，擴張自身領土、政經、文化勢力，因此其統治地域廣泛，在其領土中往往存在著不同的社會團體與種族團體。帝國的統治權力源於中央，為達到有效控制的目的而必須授權地方，且透過文化途徑（建立由宗族血緣、宗教關係維繫的普遍統治階級）防止帝國瓦解。世界歷史上主要的帝國

19　同上註，頁 417-418。

有波斯帝國、中國歷代皇朝、羅馬帝國、西羅馬帝國、拜占庭帝國、神聖羅馬帝國、阿拉伯帝國、衣索比亞帝國、蒙古帝國、鄂圖曼土耳其帝國、大英帝國、法蘭西帝國、奧地利帝國、俄羅斯帝國、德意志帝國、大日本帝國等。以全盛時期全球勢力範圍超過任一帝國的大英帝國為例：如同多數帝國，英國的管轄區或殖民地都會存在一種強烈的殖民母國的統治文化或意識型態，其中致力於傳播英國思想與文化、學習英國教育制度、教科書、英語教學等教育政策的執行，且電報系統的發明促使英國在 19 世紀中葉開始，不斷鋪設電纜且積極從事技術改良與研發，在加深邊陲國本土化扮演重要角色，並將英國思想與文化實踐擴展至全球。[20]

帝國控制的文化空間實踐出現改變與 19 世紀民族國家的形成有關。跨越階級的教育水準與國家權力與重要性提升推動了民族主義發展，導致文化網路與文化制度的空間與社會影響範圍開始出現變化，其間不僅涉及原有菁英階層的內部溝通，也涉及到廣大群眾所接觸到的文化訊息與符號類型的控制，即國家文化的建立，其中一部分源於長期累積而根深蒂固的文化特徵與社會特質，少部分是由創造發明途徑所形塑。此外，這些新文化認同主要關係到民族認同、民族自決、領土疆界與國家控制之間的關係鞏固。[21]此外，歐洲現代的新意識型態與思想具有世俗與一體適用的特性。18 世紀末啟蒙運動的成果包含了現代科學

20　同上註，頁 421-423。
21　同上註，頁 423-424。

與現代政治哲學與計畫的出現；而其後的社會主義，如無產階級進行世界革命，以及主張公民權利、有限政府、民族自決等自由主義無不影響歐美這些理念發源地以外的地區。[22]

 當代面向

　　文化全球化的歷史可以追溯至好幾世紀以前，然數十年以來出現以前所未有的速度進行跨界傳播，究其原因大致可歸納出以下幾點：

1. 交通運輸革新

　　運輸史隨著科技的進步而有所進展。在僅有雙腳代步的時代中，文化的傳播受到地理環境的限制。而在工業革命後，汽車、蒸汽船與柴油動力船隻的發明及 20 世紀飛機的出現，大幅縮短全球時間與空間的落差，延長了人類能旅行的距離，並加速文化全球化之傳播。觀察桃園機場歷年來出入境人口，每年幾乎以百萬人數以上的驚人數字在成長（見表 1）。便捷的交通工具壓縮國與國間的距離，使其產生鄰近感，並促使文化傳播打破區域性的限制，俗話說：「讀萬卷書不如行萬里路」，透過親身經歷加深國與國間的文化交流。而運輸革命除了帶動觀光旅遊業以外，對於國際間的貨物往來亦有相當大的影響，隨著運輸技術日趨方便、運輸成本降低，便於將大量產品運送到全球販售，現今在超市可以購入挪威產的鮭魚、日本製的電視、菲律賓產的水壺、西班牙產的橄欖油、澳洲產的農產品等商品，以中華郵政國際包裹寄送時間為例，遠

22　同上註，頁 426。

在地球另一端的紐西蘭僅需 10 至 14 個工作天便可將商品寄達，這是過去未曾想像的光景。

表 1　桃園機場歷年旅客運量統計表

年	出境人數	入境人數
2009	11,506,503	11,507,157
2010	13,237,144	13,260,991
2011	13,105,619	13,069,360
2012	14,529,237	14,458,556
2013	15,811,808	15,999,094
2014	17,615,802	17,786,483
2015	19,028,416	19,075,591

資料來源：http://www.taoyuan-airport.com/company_ch/NewPassengerQuery.

2. 通訊革命與語言

　　日常生活中充滿各式各樣的資訊，通訊科技的發展使人們不再受限於時空，19 世紀中葉，通訊電碼問世，開始有線電報的時代，提供全球個體之間的交流與溝通；1950 年代蘇聯發射第一枚人造衛星，藉由即時通訊縮小世界的距離；旅遊頻道介紹世界七大奇景之一的柬埔寨吳哥王朝都城遺址——吳哥窟，儘管未曾到現場，但藉由節目介紹讓人有身歷其境的體驗；電視新聞轉播泰國潑水節的消息，透過主播的解釋了解此節慶之目的在於祈求洗去過去一年的不順，並於新年重新出發；印度寶萊塢電影讓我們認識印度傳統風俗民情等。上述說明了電視、電影等傳媒跨越民族國家和語言社群的邊界，增加觀眾對全球的了解。

　　網際網路的發明則為全球化現象最大的功臣之一，網際網路幾乎改變人類傳播歷史，其使得國與國之間的界限消失，更改變了人類的交友圈與教育圈：在網際網路問世以前，交際圈常局限於自身活動範圍，朋友透過學校、職場、住家附近等與自身擁有相同文化背景的人們，現在則可以透過各種通訊平台、交友 App 等媒介，讓我們認識不同語系、宗教、文化、風俗民情等背景的朋友；而學習為文化教育的基礎，網際網路的出現打破傳統必須在教室聆聽授課的學習模式，現只要透過網路媒介，學習者能輕易接收與取得各國資訊，並可以與教學者與其他不同國籍的學習者進行互動、討論（見圖 3）。

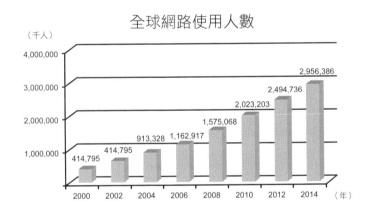

圖 3　全球網路使用人數

資料來源：http://www.internetlivestats.com/internet-users/.

　　而語言為人類溝通的基礎，是彼此傳遞訊息與情感交流的重要工具，然源自於不同國家與地區的語言大不相同，相同的符號於不同文化中所代表的意義可能大相逕庭，加上由於價值觀、風俗民情、生活習慣

與宗教信仰等差異，易因為訊息傳達錯誤而產生誤解。因此，為了跨越國與國間的文化藩籬，語言為關鍵因素之一，若能掌握國際通用語言，將能減少跨文化溝通障礙。舉例來說：英文可說是全球共同語言，它不再為一國或一個民族所專有，自冷戰結束後，全世界學習英語的人數以倍數增加，加速全球非英語系國家英語教學的普及化，從政治、外交、教育、經濟及科技等，幾乎已成為人類各種行為的共同語言，英語搭起跨文化藩籬的橋梁，並兼顧區域語言的差異，可說是通往全球化大門的鑰匙之一。

3.跨國企業之擴張

除了資訊科技，跨國企業與貿易自由化也是主要推動全球化的力量。企業為降低生產成本、提升企業競爭力、擴大銷售市場及增加營業額等需求下，將資本、服務、技術、管理、研發及經營理念等移轉到他國，以達企業目的。因此跨國企業的出現不僅起因於全球化，更進一步推動全球化的發展。雖然這看似為經濟全球化的結果，然實際上文化對於跨國企業之成功與否扮演相當重要的角色。原因在於，跨國企業總部與子公司文化距離越大，越難有效管理各單位，故母國與子公司間的文化距離將影響公司的營運方針與產能。在跨文化經營的背景下，為融合不同的種族文化，需尊重各文化間的差異：信仰回教的女性員工需要包著頭巾工作、設置禱告室讓員工於休息時間自行前往、員工餐廳菜色食材多元化等，另在用字遣詞與行為上亦須注意，例如不能罵穆斯林員工是豬或狗，因為可蘭經中認為豬、狗為不潔的動物，而在土耳其雙手放

口袋可能會被視為自大的象徵。

　　另一方面，跨國企業在西方式資本主義的帶動下，在全球各地大規模地擴張，也影響不同地區的本土文化。如為資源增值以提高利潤與效能，開發中國家的政府不斷把舊區重建成大型商場，而這可能改變當地原居民多年來建立的生活和文化。[23]此外，為讓顧客有身處跨國企業本國的體驗，部分企業會將本國文化透過子公司傳播，如播放流行歌曲、著傳統服飾等。了解當地文化特色並適時地改變產品內容，亦為提高銷售量的策略之一，以美國麥當勞的例子來看，其為美式食品，但在進軍到世界各地時，本著地區化的行銷策略，推出了因應各國文化的菜單：印度教禁吃牛肉，故印度有多款雞肉口味的漢堡，並加入印度特有香料；配合韓國文化推出烤肉漢堡；迎合亞洲人愛吃米飯的習慣，於馬來西亞推出粥品、中國的雞腿飯、台灣的板烤米香堡；在法國則可以選用傳統法國麵包取代制式化的漢堡麵包等。由上述可以發現，在跨國企業拓展自身版圖的同時，無形中亦將企業母國與子公司本地國的文化傳播至全球。

四　文化全球化之現象與影響

　　全球化打破具體地理空間、模糊國與國間的邊界，並把各國文化透

23　丁天悅，「全球化外企進軍貧國創富或掠財？」，文匯報，檢索於 2016 年 7 月 20 日，http://paper.wenweipo.com/2011/12/22/ED1112220030.htm。

過大眾傳播、跨國企業擴張、國際移民活動及跨國文化商品的流通等途徑傳播到本土文化中，改變以往傳統社會中的文化樣貌，影響日常生活中的食、衣、住、行、育、樂等領域。各國文化在「融合」與「互異」的同時作用下相互拉扯，因此在文化全球化的過程出現許多爭議。

一 同質化（Homogenization）

一般認為，在文化全球化的作用下，文化將走向開放的全球市場，並提供人們更加多元化的選擇。然而，從上述案例可以發現全球文化主要受到先進國家所領導，挾著政治、經濟、科技等優勢順勢將其宗教、價值觀、生活型態等文化特色向外擴張，加上在全球資本主義經濟系統的統合下，國家的文化亦出現了資本主義的特性——被資本主義透過跨國企業將所有社會吸納近它的範圍內。在此世界體系運作過程中，跨國媒體與跨國企業合作，提供影像和訊息，根植於人們的信念中，甚至形塑、創造群眾的聽聞，對群眾產生潛移默化的影響，以強化群眾對某些事物的想法，以致「生活方式」的文化改變。[24]再者，現今的文化全球化大都奠基於該國的消費力，文化交流和互動以市場價值為標準來進行，因此市場價值或消費力較低的文化被引進文化全球化的機會相對較小。換言之，文化全球化受某些強國所主導，主要趨勢為同質化，文化逐漸走向一致性，且被市場主義、物質主義等所掩蓋，逐漸淡化本土國的傳統文化。觀察現代人的一天，包含三餐、便利商店的飲料、人手一

24　John Timlinson，鄭棨元、陳慧慈譯，《全球化與文化》，頁 89-110。

支的手機、搭乘的汽車、交通號誌、街頭建築風格與商店等，充斥著全球化下的文化商品。

　　2016 年國人購車品牌選擇偏好排名以「本田Honda」16%、「馬自達 Mazda」15%、「豐田 Toyota」11%排名前三；而德系豪華品牌「寶馬 BMW」與「賓士 Mercedes-Benz」，日系豪華品牌的「凌志 Lexus」，以及美系品牌「福特 Ford」等則各獲得 6% 的消費者偏好，排名第四（見圖 4）。同年另一項關於國人家中主要用車品牌的調查結果顯示，「豐田Toyota」、「日產Nissan」、「福特Ford」、「三菱 Mitsubishi」、「本田Honda」，為家中主要用車之前五名品牌，共占整體比例近八成（77.9%）（見圖 5）。由此可見，在品牌印象或購車優先選擇上，大部分的國人仍以日、德、美等國家之汽車品牌為優先考量。此外，台灣的便利商店密度為全世界第一，以分店數最多的 7-Eleven 為例，一般街道、台鐵站、高鐵站、捷運、學校、醫院、百貨公司，甚至公司行號內都可見其蹤跡，傳統的雜貨店所剩無幾。在 2014 年 7-Eleven 進駐蘭嶼前便引發爭議，反對者認為便利商店將破壞達悟族的文化、衝擊蘭嶼農會、海洋超市與當地雜貨店，亦擔憂 7-Eleven 的進駐可能為跨國企業進軍蘭嶼開了一扇門，蘭嶼的獨特性將逐漸消失，然蘭嶼當地人民贊成 7-Eleven 的到來，並認為超商可以為生活帶來便利性與現代化。由上述案例可看出，文化全球化的現象衝擊在地文化特例，其可能因為不敵主流文化的入侵而消失。

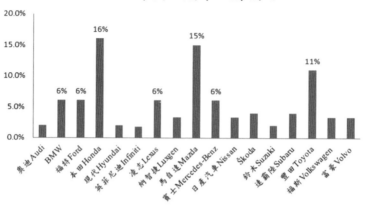

圖4　2016年國人購車品牌選擇偏好

資料來源：http://news.u-car.com.tw/article/29085

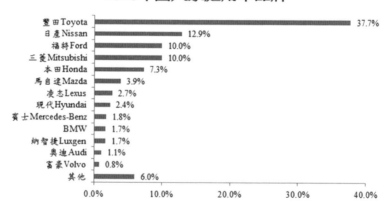

圖5　2016年國人家庭用車品牌

資料來源：https://www.pollster.com.tw/Aboutlook/lookview_item.aspx?ms_sn=3150

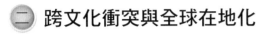跨文化衝突與全球在地化

　　從文化全球化之現象可以觀察到，文化主流主要為已開發的先進國家，甚至有部分觀點認為文化全球化其實是西方文化的向外擴張，令其他地方文化的生存空間減少。更甚會演化成不同文化之間的對峙和衝突。學者杭亭頓便以文明衝突作為後冷戰時期世界各民族間最重要的差異，他認為文化的衝突取代了冷戰時期意識型態的、政治的或經濟的對抗，全球政治將成為多極化、多文明之間的的對抗，權力的影響也由西方轉向非西方文明。事實上，文化的西方化，或者同質化的論述均忽略了西方以外的在地文化同質化潮流的抗拒。例如，美國著名咖啡連鎖店星巴克於全球設有許多分店，然其進駐中國北京故宮後卻引發討論，部分人士認為於故宮中開設代表西方文化的星巴克是對傳統文化的糟蹋，並提議將星巴克趕出紫禁城，2007 年故宮頒布新規定，所有店家需以故宮為品牌，星巴克因無法配合而退出故宮。在當今日世界貿易組織（WTO）的架構下，由於世界各國的強力要求，亦允許會員國基於「保護公共道德」的前提，限制外國文化商品的輸入。伊斯蘭國家便曾援用此條款，抵制歐美國家的書籍、影片、 影帶和電視節目等，認為這些文化產品違反了伊斯蘭社會的基本價值和道德觀。[25]

　　此外，當全球資本主義逐漸大型化、標準化、國家化的同時，我們

25　Harry Hillman Chartrand, International Cultural Affairs: A 14 Country Survey, *The Journal of Arts Management, Law & Society 22*(2), Summer 1992. 轉引自 俊裕，「文化全球化：一種在地化的整合式思維與實踐」，國際文化研究，第 3 卷第 1 期（2007），頁 13-14。

也同時看到分散化、小型化、多樣化的在地方特色的崛起。[26]法國相當重視傳統文化藝術與文物的保存，早於 1840 年頒布第一部文化遺產保護法，至今文化藝術的保存仍是由國家主導，積極推動文化事務權責地方化，在全國 25 個地區均設有地方文化事務司，負責推動文化事務暨藝文活動，堅持全民共同參與。此外，為降低他國文化對本國文化之衝擊，法國對歐盟提出「文化排除條款」，反對文化產品完全由市場機制運作，並規定電視台 40% 的時間必須播放本國影視，以免危及歐洲文化之發展。[27]然而，在保護本土文化的同時並非意味著拒絕走向全球化，日本政府支持本國文化藝術事業，編列藝術團體補助預算，且引進民間資源共同支持文化藝術，[28]並於 1995 年確立「文化立國」的理念，於全球行銷日本產出之電視劇、動畫片、漫畫等，目前約有 70 多個國家和地區透過電視收看日本動漫。從日本的案例可以看出，在保護本土文化的同時，亦能藉此於世界各地推廣在地特色，形成雙贏的局面。因此在文化全球化的架構下，我們不僅看到的是全球文化的在地化，或是「全球在地化」現象，也看到地方文化向全球發展。

五　結論

在全球化過程中整體互動、整合的脈絡下，文化全球化的浪潮如火

26　劉俊裕，「文化全球化：一種在地化的整合式思維與實踐」，頁 14。
27　夏學理、鄭美華等著，《藝術管理》（台北：五南圖書出版公司），頁 99-100。
28　同上註，頁 111。

如荼的在各地擴散開來：運輸技術的發展大幅縮短全球時間與空間的落差，加速文化全球化之傳播；電視、電影、報章雜誌等傳媒的出現使人們不再受限於時空，跨越民族國家和語言社群的邊界；網路的出現讓人們可以輕易接觸各種不同文化並取得與自身文化不同的概念跟價值觀，而跨國企業將資本、服務、技術、管理、研發及經營理念等移轉到他國，在其拓展自身版圖的同時，無形中將企業母國與子公司本地國的文化傳播至全球。文化全球化打破具體地理空間、模糊國與國間的邊界，並把各國文化透過大眾傳播、跨國企業擴張、國際移民活動及跨國文化商品的流通等途徑 結到本土文化中，改變了在地文化內涵。然而這並非單純的意味著同質性的單一全球文化的形成，相對地，文化全球化激發出一種同異並存的邏輯。一方面，我們確實看到各在地文化朝同質化及普遍化的方向發展；另一方面，在文化全球化的過程中，也產生「異質化」的發展趨勢。因此，全球文化在地化的同時，在地文化的全球化也正在發生，在地特殊性透過全球社會跨時空的連結擴張，轉變成全球化內涵一的部分。

問題與討論

一、各文化原本呈現的是「在地化」的特色，然而在全球的層級文
化如何交流？透過各文化的交流，文化具有哪些特性？

二、全球化和文化如何互相影響？

三、文化的全球化是否會導致文化逐漸走向一致性？我們該如何看
待此一現象？

8

Chapter 黃富娟

社會全球化：
經濟社會的多面向重構

一 前言

　　全球化是一個多向度的進程，包括經濟、政治與社會文化等複雜的現象，因此全球化也同時是一個多義的概念。它涉及到一組多元且複雜的因素，因素之間可能是各自運作，也可能伴隨而生，衍生高度關聯性與交互作用。全球化的日益深化，不僅造成全球聯繫（Interconnectedness）的強度與速度的擴大，也促成全球—區域—國家—地方層次的雙向影響，形成一個緊密互動、高度迴圈（Ccircuitous）的全球社會。[1]在這些複雜的現象當中，對於人類社會生活影響至深的，當屬經濟生活領域的解除管制（deregulation）。但全球化對於一個國家社會生活的滲透與影響，因為各國所處發展階段的不同、對全球市場的開放程度／納入全球經濟的程度高低，呈現異質與不均（uneven）的現象。即便如此，我們仍舊可以識別出全球化的共同外部驅力，並就它對於社會的影響進行通則式的理解。

　　事實上，在過去 30 年間資本主義全球化在廣度與深度上的擴張，已達史無前例的巔峰。得力於 1970 年代中期新自由主義（Neoliberalism）獨尊「市場邏輯」的意識型態催化、1986 年關稅及貿易總協定（General Agreement on Tariffs and Trade, GATT）與之後的世界貿易組織（World Trade Organization, WTO）進程，致使各國相繼開

1　Dicken, Peter, *Global Shift: Mapping the Changing Contours of the World Economy* (NY: Sage Publications, 2015), p. 52.

放貿易與投資市場，並促成經濟活動在世界地理版圖呈現水平擴張與區域集中和深化的現象。另一個平行趨勢是 1985 年以降資通訊技術革命與軟體運算程式的發展[2]，促成全球經濟互聯（Interconnectedness）機制從早期的貿易與外人直接投資（Foreign Direct Investment, FDI），進入到高度金融資本交易與全球流動的形式。[3]上述幾個趨勢的匯流，在世界地理範疇上逐漸形成單一全球市場。

　　此一全球市場的結構，實際上受到資本主義市場機制的運作邏輯，以及價格信號引導的逐利行為所驅使，並受制於全球／區域性治理建制的監管，經由跨國企業與經濟行為者的直接與間接投資，將全球市場向下延伸到各國的「地方」，以將分散全球的在地經濟行為者透過全球單一的市場機制彼此關聯起來。亦即是納入「全球生產網絡」（Global Production Network, GPN）成為彼此關聯的結構。全球化的結構力量，以及各國經濟關聯性的日益深化，不僅造成個別國家的經濟政策走向趨同，也重組經濟組織與經濟領域的社會關係，並澈底將社會生活予以商品化或市場化。當前我們居住的社會，舉凡是工作、消費與社會參與，無一不受制於此一經濟物質基礎與技術變遷帶來的影響。甚至在傳統人類社會生活中不屬於資本主義生產邏輯的範疇，例如，公共衛生與教育等也被納入。

---

2 1960 年代通訊衛星發展，1970 年代美國康宇公司的光纖技術與海底電纜，1985 年以後互聯網發展與 2000 年的寬頻科技。

3 參閱 Dicken, *Global Shift*, p. 21, 以及 Hutton, Will and Anthony Giddens, "In conversation", in Global Capitalism（NY: The New Press, 2000）, pp. 1-51.

在全球化的複雜現象中，對於人類社會生活影響至深的，當屬經濟生活領域的解除管制與私有化（privatization）。回應解除管制與市場競爭而來的生產組織的變革與結構轉型，帶來就業型態的變遷，也造成國內勞動市場的重組，結果不僅擴大了國家內部的社會不公，造成社會的再階層化，也形成新一波的社會排除機制。同時更誘發全球性、區域性與國家內部的經濟型人口遷移。

以下本章將區分三個部分，依序是：就業型態變遷與勞動市場彈性化、全球性社會不平等與貧窮，以及全球化誘發的經濟型人類遷移，分別說明全球化對於社會的影響及其成因。

二　就業型態變遷與勞動市場彈性化

全球化對於一國家社會影響甚劇的，當屬與經濟生活休戚相關的就業型態變遷與勞動市場去管制化。自第二次世界大戰到 1970 年代，歐美與東亞國家依循大量生產（mass production）與大量消費（mass consumption）的邏輯，獲得經濟成長，創造為數眾多的半技術性勞工與製造部門就業機會，也促成中產階級的興起。自 1960 年代末到 1970 年代初期，已開發國家因為勞動成本的優勢不在，開始出現產業外移，甚至去工業化的威脅。緊接著 1970 年代日本引導的「彈性專業化生產」（Flexible Specialization），挑戰了標準化大量生產的資本積累邏輯，帶動生產體系的革命，也創造出企業對於多能工（multi skilled laborers）的需求。[4]

　　1990 年代隨著 WTO 在全球範疇內推動自由市場經濟，促成各國市場開放並逐漸形成單一全球市場。跨國企業在全球範疇內更彈性靈活地進行生產配置，不僅促成生產過程的日益全球化和零碎化（fragmentation），同時也激化了企業之間的競爭。企業被迫必須採取少量多樣的生產管理模式，以及「彈性積累」（Flexible Accumulation）[5]策略作為因應。這種生產與管理模式的變革，導致勞動力使用的日趨彈性化。與此同時，配合 1985 年以降美國互聯網與 2000 年寬頻革命帶來的數位技術革命，帶動金融交易全球化，不僅再次促成生產組織與經濟結構的重組，也衝擊到勞動市場的就業類型與技術使用。這些因素都造成原先中產階級崛起的大量生產與大量消費的制度因素消失，取而代之的是製造部門工作機會流失，並逐漸被服務業取代，職業技術需求也隨之產生改變。[6]

　　本文將全球化對於勞動市場與就業型態的衝擊，歸納為以下四項特徵：第一，全球化促成已開發國家產業外移，結構性失業（structural unemployment）成為常態，形成高失業率的現象。根據經濟合作暨發展組織（Organization for Economic Co-operation and Development, OECD）

4　彼得・迪肯（Peter Dicken），劉衛東譯，《全球性變革》（北京：商務印書館，2009），頁 451-452。

5　Harvey, David, *The Condition of Postmodernity: An Inquiry into the Origins of Cultural Change* (Oxford: Black well Publishers, 1990), pp. 141-172.

6　彼得・迪肯，《全球性變革》，頁 440-461。

統計，2015 年歐盟 28 國平均失業率是 9.4%。但個別國家內部也因為產業結構與發展程度落差，存在差異[7]；反之，新興工業化國家在同步啟動工業化與全球化進程之下，促成跨國企業大量進駐開發，不僅促成高速經濟成長，也帶動大量製造業的就業機會。例如：越南、中國大陸等國家。結果是形成已開發國家與部分開發中國家在「失業」與「就業」之間，呈現高度地理分布不均的現象。第二，新的「就業創造」（Job Creation）也從「製造業」轉向「服務業」。基於經濟全球化造成國際勞動分工的複雜性倍增，在利潤越來越仰賴非製造生產的知識與服務提供之下，促成大量服務部門的興起。[8]第三，雙元勞動市場的趨勢：勞動市場的就業機會逐漸形成高薪的金融與資訊科技產業，以及低薪服務業這種兩極職業分化的趨勢。中間技術工作在某些國家正在逐漸消失中，例如：西歐與美國等已開發國家。

前三項特徵之間也存在高度相關性。學者 Daniel Bell[9]早已指出，歐美等已開發國家自 1960 年代末期到 1970 年代從工業社會過渡到後工業社會，造成專業人員大量增加，形成上層職業的專業化、中層職業人口減少，底層職業人口逐漸增加的現象。除此之外，荷蘭社會學者 Saskia Sassen（1998, 2014）亦說明，經濟全球化促成了職業部門的再分化，主要以金融服務業與資通訊等核心產業，以及低薪服務密集產業

7　根據 OECD 數據，2015 年比利時失業率是 8.5%、法國 10.4%、西班牙 22.1%。

8　Dicken, 2015, pp. 57-64.

9　貝爾（Daniel Bell），《後工業社會的來臨》高銛等譯，（台北：桂冠出版，1995）。

（service intensity industry）的兩類職業為主。兩類職業之間的所得落差，主要源自逐漸擴大的「薪資所得與獲利能力」形成的不平等。這主要鑲嵌在三項全球趨勢中：第一，科技促成資本的快速流動性成為可能，且伴隨市場解除管制更擴及到全球性的規模；第二，金融自由化已大幅降低資本跨界流動的障礙，加上證券化與創新的金融衍生性商品，成就了更多資本「套利」的可能性；第三，各個產業對於服務業的需求（service intensity）激增，已造成對於服務價格的過度估價。服務業勞工依據專業技術能力高低進行薪資區隔，造成擁有高技術與獲利能力，以及低技術且從事服務密集工作的勞工之間，因為「技術層次」與「服務價格」的落差，呈現職業專業分化的現象。金融與其他核心產業部門的勞工，得力於金融全球化與科技進步，成就資本的超級流通性（the hypermobility of capital）與強大的獲利能力（superprofit-making capacity），賦予他們在工作領域中絕對的支配優勢；反之，服務需求的高速成長也創造出大量低薪的服務密集工作。職業專業分化的結果，不僅擴大了薪資所得與獲利能力的差距，同時深化了雙元勞動市場（Dual labor market），形成新的不平等形式。這種所得分配的兩極化，是根植並伴隨在資本主義的市場自由化、技術進步與資本積累能力的擴張中，形成「貧者越貧、富者越富」的現象。兩類工作之間的所得差距，在金融部門高度發達的倫敦、紐約等全球城市更為顯著。[10]

第四，勞動市場彈性化（Labor Market Flexibility）：經濟全球化激

---

[10]　彼得・迪肯，《全球性變革》，頁 440-461。

化國際競爭，致使各別國家相繼鬆綁勞動市場法規、引進彈性就業與薪資制度，造成「非正式就業」（Informal Employment）[11]與「派遣人員」（Dispatch）興起，又稱「非典型就業」。基於經濟全球化允許企業在全球範疇內進行生產要素的重組，企業在追逐成本獲利考量之際，致力於提高組織彈性、縮編規模，來降低生產成本並維持國際競爭力。這造成企業偏好以「委外」（outsourcing）或「境外生產」（offshoring）方式達成。回應這波競爭性開放的趨勢，國家相繼落實勞動市場的解除管制與彈性薪資制度，以賦予企業更多彈性、提振企業競爭力，同時吸引外國投資，卻造成就業條件的惡化。[12]此外，全球化與市場經濟的競爭邏輯傾向有利於資本技術密集與具所有權優勢（Ownership Specific Advantage）的大型企業較不利於中小型企業，因此難以誘發就業創造。結果是正式部門就業創造緩不濟急，失業者在正式部門工作難尋之下，轉為尋求非正式就業的工作機會。可見，非典型就業在允許彈性工時之下，若缺乏完善的雇用與薪資條件規範，勢必導致勞動者的權益受損，反而形成所謂的「彈性剝削」（Flexploitation）。[13]結果是，處於非正式雇傭關係的勞工，成為資本主義全球化下的犧牲者。

---

[11] 「非正式就業」是相對於「正式就業」的通稱，主要內涵包括：自我雇用者、薪資雇員，以及正式部門中的非典型就業。後者，例如：派遣員工、臨時性勞務等類型工作，它們都存在低薪資、不穩定性與非正式雇傭關係等特徵。

[12] 支持勞動市場去管制化的新自由主義論者主張，勞動市場的去管制化，將促進資源有效配置與就業。且降低解雇成本可增加流動性，亦可縮短失業者尋獲下一次工作的時間。

[13] Jessop, Bob, *The Future of the Capitalism State* (London: Polity Press, 2002), p. 3.

　　無論如何，全球化與勞動市場的彈性化，都衝擊到已開發國家與開發中國家的就業創造與就業型態。不同的是，誠如國際勞工組織（International Labor Organization, ILO）指出，已開發國家的勞動市場，主要問題是存在結構性的「失業」；反之，開發中國家則以大量「不穩定工作」（precarious work）與「非典型就業」著稱。[14]但不論是失業、非典型就業或派遣人力，都衝擊家戶所得、教育機會與資源近取，緊縮了社會向上流動的機會結構。

　　這在落實新自由主義最澈底的拉丁美洲國家尤其顯著。拉美國家在 1980 年代中期落實新自由主義改革，啟動投資與貿易的自由化、國有企業私有化、財政緊縮與勞動市場的解除管制，長達 20 年結構調整未能帶動經濟結構轉型。產業轉型延滯導致新創就業機會低迷、正式部門工作也受到侵蝕，形成「無就業創造的成長」（Jobless Growth）。[15]

　　東亞國家的日本、南韓與台灣也逐步走向此一方向。1950 年代到 1970 年代日本歷經高速經濟成長，創造了為數眾多的「新中產階級」。但 1980 年代末到 1990 年代日本爆發經濟泡沫以來，不少中產階級開始向下沉淪，社會也出現結構性改變。日本厚生勞動省指出，資本主義全球化的惡性競爭，配合日本的長期不景氣，致使終身雇用制度瓦解，青年就業與收入開始呈現不穩定，低薪的派遣勞工世代興起[16]。在

14　ILO 網站 http://www.ilo.org/global/lang--en/index.htm.

15　ECLAC, "Growth, Employment and Equity: The Impact of the Economic Reforms in Latin America and Caribbean" (ECLAC, 2000).

16　三浦展；《新社會階層的出現：下流社會》吳忠恩譯，（台北：高寶出版，2006）。

這波全球趨勢中，台灣也難以置身事外。台灣自 1980 年代中期先後經歷市場開放、產業外移與經濟轉型的延滯。當前，台灣社會不僅薪資成長停滯，薪資所得差距也在金融與科技等部門，以及低技術行政職與勞力密集服務部門之間不斷擴大。[17]根據主計處《人力運用調查報告》統計，2002 年以後我國派遣勞工人數開始成長，2013 年「臨時性或人力派遣工作」已占總就業人口的 5.39%，約計 59 萬人。

承上，經濟全球化對於就業型態變遷與勞動市場彈性化的影響，依據不同國家產業特徵、人口結構與政策走向，以及對全球經濟的開放性，展現不同風貌。但對於開發中國家來說，共同性在於：勞動市場都走向職業專業技術的兩極分化、薪資所得兩極化，以及不穩定性工作增加的普遍情況。當工作越來越受到更廣泛全球經濟的影響，不穩定性成為一種常態，工作安全（job security）成為首要考量。且風險處理（handling risk）已成為社會個人在面對經濟勞動時的必要能力。

三　全球性社會不平等與貧窮

誠如 20 世紀初馬克思（Karl Marx）的預言，資本主義的內在邏輯，亦即是過度生產與消費不足的矛盾，致使它在創造資本與所有產權日趨集中之際，也無可避免地惡化了社會分配。研究全球社會的左派學

17　林宗弘、洪敬舒、李健鴻、王兆慶、張烽益，《崩世代：財團化、貧窮化與少子女化的危機》（台北：台灣勞工陣線，2011），頁 28-38。

者 William Robinson 主張，當前全球化象徵著過去 500 年世界資本主義體系發展在全球擴張的巔峰。經濟全球化助長了財富分配的惡化，造成國與國之間，以及國家內部社會不平等（social inequality）的加劇。全球資源與所有權的集中化，不僅造成所得分配的兩極化，也形成社會的再階層化。[18]

國際貨幣基金（International Monetary Fund, IMF）（2015）[19]研究指出，以往中產階級萎縮的現象，主要為 OECD 等已開發國家的課題。當前，中產階級萎縮已開始出現在中低所得的新興市場與開發中國家（EMDCs），例如：阿根廷、巴西、中國、南非。此一現象經常與所得分配惡化同時發生，且極可能是肇因於技術進步、投資與貿易自由化，形成薪資所得分配不均的擴大，而勞動市場彈性化更強化了資源在市場配置的有效性。然而，中產階級萎縮的主要驅力，在已開發國家與開發中國家有些不同。已開發國家主要歸因於中間技術工作的消失；反之，在新興市場與開發中國家主要驅力來自於所得分配兩極化（income polarization）。一旦所得分配不均擴大的速度超越了經濟成長率，「貧窮」（poverty）將更容易產生。進入 20 世紀末，金融資本的解除管制，更助長資本利得在全球範疇內積累的速度，加快了財富分配的不均。這在某種程度上回應了諾貝爾經濟學得主 Thomas Piketty

---

18　威廉・羅賓遜（William Robinson），《全球資本主義論：跨國世界中的生產、階級與國家》（北京：社會科學文獻出版，2009），頁 48-51。

19　IMF, "World Employment Social Outlook." (IMF, 2015).

（2013）[20]主張，資本與分配的深層結構從未改變。一旦「資本報酬率」大於「所得成長率」，資本主義就會自動產生分配不均[21]，瓦解民主社會將依循個人才能與努力決定報酬的基本價值。

上述趨勢顯示，經濟全球化同時創造了新的貧窮與社會不穩定的形式，並深化全球性不平等（global inequality）。但所謂的分配不均，從來都不只是「量」的問題。經濟全球化的現象，事實上是強化了開發中國家經濟危機發生的頻率與社會不平等擴張的幅度。可見，全球化帶來的財富分配不均，已是全球普遍存在的現象。

根據 2015 年 IMF 研究，歐洲所得分配朝向高技術與低技術職業的兩極分化，造成五分位所得的中位所得（中間 20%）人口萎縮，形成中產階級萎縮。除此之外，1980 至 2010 年間「貧窮」在已開發國家，更呈現出較開發中國家惡化幅度更大的現象。特別是資本主義較為發達的美國與英國，同期底層 10% 所得分配占總國民財富比重下滑的幅度最大[22]。

反觀東亞社會，日本、台灣與南韓社會都相繼出現中高齡勞工失業率增加、非典型雇用增加、產業之間收入差距擴大，以及青年人薪資較

20　托馬‧皮凱提（Thomas Piketty）著，《二十一世紀資本論》（台北：衛城出版，2014），頁 237-422。

21　T. Piketty 反駁 Kuznets（1958）主張經濟成長、自由競爭與科技進步，將於經濟發展後期帶來財富分配不均的降低。他主張資本與分配不均的深層結構從未改變。一旦資本報酬率(r) > 所得成長率(g)，資本主義就會自動產生分配不均。

22　Dabla-Norris, Era, Kalpana Kochhar, Nujin Suphaphiphat, Frantisek Richa, and Evridiki Tsounta, "Causes and Consequences of Income Inequality: A Global Perspective", IMF, SDN/15/13 (IMF: June 2015).

低的現象。不穩定工作勢必衝擊一個社會的所得分配。根據我國主計處統計，台灣的吉尼係數（Gini Coefficient）自 1990 年代的 0.312 擴大到 2013 年的 0.336，呈現緩步惡化的跡象。[23]日本吉尼係數則從 1990 年 0.27 擴大到 2010 年的 0.34。[24]縱使目前中產階級仍是東亞社會的主力，所得分配兩級化的趨勢正在發生。

　　原已存在雙元社會的拉丁美洲，在市場開放與新自由主義政策落實的 20 年之後，所得分配越加惡化。[25]事實上，拉美國家在市場自由化、私有化與勞動市場解除管制之下，卻因為產業轉型延滯，造成拉美國家普遍落入新創就業不足的窘境。此外，企業在面對市場開放帶來的國際競爭之下，更傾向以降低成本與聘用彈性工時勞工來因應，造成非正式就業更加氾濫。這些被釋放的勞動力在「就業創造」緩不濟急之下，加速了開發中國家都會外圍貧民窟的擴張，例如：墨西哥市、里約熱內盧、利馬等大都會外圍。[26]當前，城市貧窮（urban poverty）已成為開發中國家與低度開發國家的新課題。

　　誠如學者 Zygmunt Bauman（2005）[27]所言，當社會從生產者（製

23　主計處家庭收支調查報告。

24　參閱 OECD 網站 https://data.oecd.org/inequality/income-inequality.htm.

25　巴西 1990 年吉尼係數是 0.51，1999 年惡化為 0.54。墨西哥自 1989 年的 0.53 惡化為 2000 年的 0.542。委內瑞拉自 1990 年 0.47 惡化為 1999 年的 0.49。參閱 Gwynne, Robert and Cristóbal Kay, "Latin America transformed: globalization and neoliberalism", in *Latin America Transfored: Globalization and Modrnity* (London: Edward Arnold, 2004), pp. 3-21.

26　Roberts, Bryan R. and Charles H. Wood, "Introduction: Rethinking Development in Latin America," in *Rethinking Development in Latin America* (USA: Penn State University Press, 2006), pp. 1-23.

27　Bauman, Zygmunt, *Work, Consumption and New Poor* (NY: Open University Press, 2005).

造業）轉向消費者社會（服務業）時，勞工若無法充分就業或薪資不足以支應生活所需，將淪落至勉強維持生計的職業處境。相較於結構性失業造成的貧窮，這是一種新形式的「工作貧窮」（Working Poor），特別容易出現在中年失業、女性與青年族群中，又稱「新貧階級」（New Poor）。且所得分配惡化更容易造成社會隔離（social segregation）程度增加。結果是，全球化造成的資源集中與分配不均，不僅惡化「貧窮處境」（situation of poverty），也造成貧窮形式從傳統的「貧窮的資源」（resources of poverty）過渡到「資源的貧窮」（poverty of resources）。[28]特別是亞洲部分國家面臨的不僅是所得分配不均，更衝擊到健康、教育與金融服務等資源近取與機會不平等。可見，從前窮人喪失的是物質基礎，現在喪失的是改善的機會。機會不平等與貧窮作為一種「社會排除」的結果，也成為一種機制。

有鑑於社會不均是一個社會的常態現象，但關鍵在於：社會可以接受的不均限度為何？中產階級的萎縮，象徵社會穩定力量的消退。當一國社會的所得分配兩極化速度加快時，所得遞減與經濟劇變造成的心理落差，可能形成「相對剝奪感」（relative deprivation），這經常被視為是社會失序的前現象。此外，「貧窮」人口的增加，將增加社福支出、阻礙社會流動與經濟發展，且造成社會緊張與階級對立，亦可能激化社會衝突。

28　Roberts, Bryan R. and Charles H. Wood, *Rethinking Development in Latin America*, pp. 1-23.

　　問題是，面對日益惡化的貧窮問題，各國政府卻因為減稅或稅基流失，逐漸喪失回應社會危機的能力。1980 年代以後小政府主義與社會福利市場化之下，社會政策預算也逐年緊縮。結果是直接衝擊中下階層的家戶所得、教育機會與資源近取，封閉了向上社會流動（social mobilization）的機會結構。國家相對於資本家的式微，強化了市場力量的專斷性。且服務業為主的型態，也造成工會式微，變相提振了資方的力量。經濟全球化與市場開放致使社會不平等趨於明顯，也惡化原已存在的貧窮問題。但自由市場經濟理念偏好的自由放任，卻無助於建立新的社會秩序與公平正義。

　　對於社會分配不均的惡化，右派普遍主張這是「結果均等」的失敗，但「機會均等」仍未消失。對於社會分配不均，他們主張應該思考的是「終生分配不均」與「終身所得差異」，而非短期的起落。且認為若對分配不均做出任何措施，將會削弱經濟成長的力道，窮人也將身受其害。[29]究竟，國家在回應所得分配惡化與社會不平等的做法上，應該致力於促成「社會重分配」，還是維持「向上流動」之機會結構的開放性？

四　全球化誘發的經濟型人類遷移

　　歷史上，人類大規模的遷移通常源自於自然災難造成的飢荒，或是

29　Stigliz, Joseph，《不公平的代價──破解階級對立的金權結構》（台北：天下出版，2013），頁 131-151。

帝國之間長期征戰造成的難民遷移潮。但這些跨界的遷移都僅限於區域性人口遷移，鮮少擴及到跨洲際之間的人口遷移。全球性遷移的歷史形成可追溯至大西洋貿易時代、開啟的歐非美三角貿易與奴隸貿易，以及亞洲國家往美洲遷移的離散型契約勞工（indentured labor）。[30]人類近代最大規模的遷移，始於 1870 到 1914 年的美麗年代（Belle Epoque）。當時歐洲因為農村存在過剩勞動力形成的「推力」，配合美洲等新興獨立國家工業化發展對於勞動力需求形成的「拉力」，促成西歐赴北美洲與南美洲的移民共計約有 4,500 萬人，堪稱人類近代史上最具規模的跨洲際人口遷移行動。[31]

1990 年代 WTO 以自由貿易之名在全球推動市場開放與解除貿易管制，致力於創造一個全球市場。同一時期更伴隨國際旅遊與航空業的蓬勃發展，促成全球性人類遷移在廣度與速度的擴張。這種全球化現象驅動的人類遷移，在流動的廣度、速度與頻率，以及遷移的類型上，都與早期存在顯著的差異。本文歸納出以下三項主要特徵：第一，人類遷移在廣度上，逐漸從區域性擴展到全球性人類遷移；第二，「經濟型」遷移目的已經超越「政治型」目的，成為人類遷移的主要類型；第三，依據遷移者的屬性，又可以區分為永久性的「移民」（Immigrant），以及折返的「移工」（Migrant Workers）。「移民」，通常與輸入國在全

---

30 David Held, Anthony McGrew, David Goldblatt and Jonathan Perraton 等人，《全球化趨勢與衝擊：全球化對政治、經濟與文化的衝擊》沈宗瑞、高少凡、許湘濤、陳淑玲等人譯，（台北：韋伯出版，2007），頁 427。

31 Osterhammel, Jürgen, Niels P. Petersson and Dona Geyer, *Globalization: A Short History* (NJ: Princeton University Press, 2005), pp. 76-78.

球範疇內爭取專業技術人才的技術移民政策有關，以白領、技術性勞工為主，或是因應老齡化社會的移民，通常以婚配為主；「移工」，包括白領商務人士、藍領非技術性或半技術性勞工，他們依據中短期的工作契約在約期滿之後折返母國（Held, etal., 1999）。通常白領「移工」也較容易被接受成為永久性的「移民」。

誠如 Dicken 所言，勞工（worker）作為人類遷移的主體，既是知識、技能與勞動力的承載者，同時被經濟學視為是生產要素之一。但勞工的遷移，相較於企業和資本卻是較「綁在地方的」（place-bound）。[32] 人類遷移的自由度受到各國的邊界管控的限制，也相當程度受到一國經濟發展、勞動力結構，以及勞工擁有的技術能力所調節。至今，國際社會並沒有一套完整的法規制度規範人類遷移。是否開放移民仍屬於國內政策權限。目前世界貿易組織對於服務貿易（General Agreement on Trade in Services, GATS）第四類型的「自然人流通」（Movement of Natural Persons）的規範，也受到國家意識型態與移民政策的約束，至今仍未全面性的解除管制。

一般而言，勞工輸出通常與一國的平均國民所得，存在高度相關。低所得國家是勞工移出國、高所得國家通常是主要勞工接收國，介於兩者之間的中所得國家，同時兼具兩種特徵。以人類跨界遷移的難易度來看，通常是白領勞工的流動性高於藍領勞工、技術性勞工高於非技術性

32　Dicken, Global Shift, 2015, pp. 61-62.

勞工、男性大於女性，主因是女性的社會角色造成地理流動性較低。[33]
進入後工業社會，國際社會對於家庭服務與高齡化社會的看護需求之攀
升，也促成藍領、非技術性的女性幫傭的全球遷移。然而，若同時考量
國家產業結構與就業部門別，仍存在許多變異。

事實上，全球化促成「經濟型」人類遷移成為主要的形式。咎其
因，這主要是受到兩項「推力」所形構：第一，全球化促成多國籍企業
在全球範疇內進行彈性生產配置。這有利於專業經理人、商務人員與軟
體工程師等高階技術性白領勞工在全球都會區之間的遷移。此一類型的
遷移，通常具有高度的全球性，也經常促成菁英階級的「移民」，形成
所謂的「全球階級」（Global Class）[34]，以及伴隨而生的「人才外流」
（brain drain）與接收國的「人才流入」（brain gain）。這在早期
OECD 國家之間最為顯著。第二，來自於已開發國家內部的失業與貧
窮，以及開發中國家或低度開發國家內部因為經濟成長的趨緩或衰退、
或是市場開放與私有化造成的失業、不穩定就業與貧窮，逐漸匯流形成
一股勞動力輸出的重大「推力」。然而，南北國家在此一類型上，也存
在顯著的差異。南方國家更受到環境災難、政治不穩定性等多重因素的
影響，形成多元驅力的匯流。

北方國家除了長期存在的結構性失業之外，受到歐洲債務危機與全

---

33 Held 等人，《全球化趨勢與衝擊》，頁 412-442。

34 威廉·羅賓遜（Williams Robinson），《全球資本主義論：跨國世界中的生產、階級與國家》（北京：社會科學文獻出版，2009）。

球金融操控之故，已迫使歐洲為數眾多的中下階級因為「取消抵押贖回權」（Foreclosure）而落入貧窮，並形成新一波向外遷移的推力。[35]自2009 年歐洲債務危機以降，歐洲失業、中位所得下滑造成貧窮問題逐漸惡化，再次誘發跨洲際的遷移。根據國際移民組織（International Organization for Migration, IOM）統計，2015 年歐盟國家遷移到拉丁美洲人口，首次超越傳統上拉美赴已開發西歐國家的遷移趨勢。

　　反之，南方國家存在更複雜的多重因素。南方國家的拉丁美洲、非洲與部分亞洲區域等中低所得國家，除了既有經濟結構問題造成的失業、不穩定就業與貧窮問題之外，南方國家在 1980 年代中期配合 IMF與 WB 在南方國家推動的債務重整計畫，逐步市場開放與私有化過程中，造成國家能力被削弱，也促成大規模土地收購或土地租賃成為可能，主要以開發中國家為主。依據區域別來看，土地面積被外資收購最高的區域集中在非洲，亞洲次之，其次是拉丁美洲。[36]其次，多國籍企業與主權基金進駐南方，主要從事工業與軍事用途有關的礦業開採、生質能源燃料或糧食相關的經濟作物等用途，造成原先在地小農因為土地被併購或喪失承租權而流離失所。[37]舉例來說，墨西哥加入「北美自由貿易區」（North American Free Trade Agreement, NAFTA）逐步開放農業市場，造成大批農民失業淪為季節性勞工，也形成一股往北遷移潮。

35　數量最高國家是匈牙利、德國、西班牙、英國。數量最低國家包括荷蘭、丹麥、保加利亞與芬蘭等國家。參閱 Sassen, Saskia，《大驅離》（台北：商周出版，2014），頁 71。

36　2011 年數據顯示，非洲被收購土地高達 1 億 3,400 萬公頃，其次是亞洲的 4,300 萬公頃、拉丁美洲為1,890 萬公頃。Sassen, Saskia，《大驅離》，頁 133-140。

37　同上註。

　　除此之外，經濟發展與外人直接投資帶來的過度開發，不僅造成土地劣化也釀成環境災難，並導致部分南方國家出現大量人類遷移。事實上，南方國家因為多國籍企業進駐投資工廠、開採礦業與林木業，造成部分地方存在嚴重的土地與水源汙染。這種環境災難導致糧食與飲用水短缺，也誘發大批農民被迫遷離家園。Saskia Sassen（2014）以「驅離」（Expulsions）形容全球化造成人民被逐出原先經濟生計與依附土地的現象。她認為背後的結構性力量是自由市場機制與債務重整。舉例來說，中美洲國家因為工業汙染與極端氣候釀成的土壤劣化與乾旱，致使從瓜地馬拉、薩爾瓦多到哥斯大黎加等國家內部瀕臨太平洋區域，形成了「中美洲乾旱走廊」（El Corredor Seco de Centroamérica）。與此同時，配合中美洲不穩定的政局、頻傳暴力事件與貧窮，導致大規模往美國遷移的趨勢。

　　可見全球化誘發的人口遷移，通常是偏鄉往都會區、窮國往富國遷移，逐漸從地方匯聚到都會區，逐漸走向區域性與全球性，形成全球性的人口遷移網絡。不僅深化城鄉差距，也形成再階層化的國際勞動分工。

　　以人類遷移的區域圖像來看，亞洲的勞工接收國是日本、新加坡等國家。其次，泰國、馬來西亞與台灣等國家，同時是技術性人才外移的國家，也是非技術性勞工的接收國。藍領勞工的輸出國，以菲律賓、越南、寮國等國家為主。近期趨勢也有大量東南亞移民前往中東產油國家尋求就業機會。

　　歐洲部分，自兩次世界大戰誘發歐洲內部大規模政治性遷移之後，歐洲逐漸走向成立歐盟共同市場與經濟聯盟（European Unit, EU）的區域整合形式，並促成區域內 28 國享有人員的遷移自由。自 2009 年歐洲債務危機以降，中位所得下滑、貧窮問題逐漸惡化，也誘發西歐失業人口赴拉丁美洲尋求工作機會的遷移潮。

　　美洲部分，美國與拉丁美洲作為歐洲移民主要接收區域，源自殖民時期與大西洋貿易開啟的人口遷移。在文化親近性下，19 世紀末到 20 世紀中葉美洲持續誘發西歐遷移到美洲的移民潮，其中又以美國與阿根廷為主要接收國。[38]此外，區域內另一個遷移趨勢，源自於墨西哥與中美洲區域內的貧窮、失業與不穩定就業的非技術性勞工的往北遷移。他們除了合法申請進入美國工作之外，亦存在大量非法勞工偷渡至美國從事農礦、工廠與家務幫傭等底層勞力密集工作。此外，20 世紀末期以後亞洲移民美國的人口亦有大幅增加趨勢。主要來自於中國與越南等新興市場國家。

　　這些經濟型目的的藍領、非技術性勞工的跨國移動，通常以短期契約形式為主，亦即是所謂的「移工」。他們對於母國經濟與家庭的貢獻在於，每年巨額的海外「匯款」（Remittance），形成開發中國家與低度開發國家重要的外匯收入來源之一。例如：菲律賓、墨西哥與多明尼加等開發中國家都是顯著例子，移工匯回款更名列上述國家的前三大產

38　Held 等人，《全球化趨勢與衝擊》，頁 423。

業。根據世界銀行（World Bank）統計，2013 年墨西哥移工自美國匯回款項高達 220 億美元，相較於 1985 年成長了 14 倍。[39]

無可避免地，經濟型移民／移工經常為接收國帶來社會衝突與政治緊張。支持移民／移工者主張，對於輸入國而言，移民／移工可以適時補充專業技術與勞動力短缺，對國家經濟發展有其必要性。且在非法移民難以有效阻絕之下，積極管理還得以增加政府稅收。反對移民／移工的社會與論，集中在質疑他們對於接收國社會底層造成的勞動替代或排擠效果。接收國在面臨國家經濟需求（技術與勞動力）、勞動替代威脅與福利依賴之間的權衡，持續成為各國移民政策的核心爭議所在，也影響著一國對於外來移民採取的態度、邊界控制與未來移民政策走向。這對於藍領非技術性或半技術性勞工極為不利。

縱使移民／移工可能衝擊接收國原已存在的失業問題，並分食逐漸萎縮的社會福利，但已開發國家與東亞各國普遍面臨高齡化社會的挑戰是一個不爭的事實，適量引進補充性的移民與移工，有助於舒緩高齡化社會對國家財政與人口結構造成的壓力。

另一個爭議點在於：移民在接收國是否被賦予公民身分（Citizenship），並享有政治參與的權力，攸關一個國家對於自身國族主義與政治認同的想像。例如：歐洲國家特別顧慮伊斯蘭教的移民。此外，移民社群也經常存在「社會融入」（social inclusion）的問題。縱

---

39 World Bank Prospect Group, "Annual Remittances Data." April, 2014.

使多元文化社會（multicultural society）[40]是一個理想的願景，移民的「社會融入」與否經常取決於自身文化與接受國社會文化之間的親近性與相互的開放性。在對於外來人口存在較高排斥性的文化區域，移民更容易形成社會的邊緣團體，而衍生出高度的「社會區隔」現象。馬來西亞的華裔移民即是一例。似乎，移民的「社會融入」無法單純在立意良善之下成立，而需要更多的社會制度支持。

最後，對於藍領非技術性「移工」在返回母國之後，是否能藉助國際工作經驗與經濟收入促成階級地位的提升？Salazar-Parreiias（2001）以「矛盾的階級流動」（contradictory class mobility）[41]說明移工在他國的薪資收入與工作資歷對其在母國的社會階級地位上具有正向提升效果；但在他國從事的低技術工作卻是一種身分地位的貶意，也同時意謂著社會階級的向下流動。倘若移工在返回母國之後無法充分就業，他們極可能選擇再次赴海外工作。這種不斷地在國家之間流動，形成一種非自願性的國際「流離」（diaspora）現象，已成為全球化下一個特殊的社會現象。

40　多元文化主義（Multiculturalism）強調多元群體的融合，取代弱勢族群被主流社會予以「區隔」或是「同化」。

41　主要在探討菲律賓移工在 LA 和羅馬的處境。參閱 Parrenas, Rhacel Salazar, *Servants of Globalization: Women, Migration and Domestic Work* (Stanford University Press, 2001).

五 結論

誠如本文所述，經濟全球化並未依據自由貿易理論所言，讓經濟成長的果實雨露均霑。經濟全球化造成在地工作越來越受到全球經濟連動性的影響，不僅促成勞動專業分化、職業技術兩極分化，已開發國家更呈現中間技術工作消失當中，也連帶惡化所得分配，造成中產階級萎縮開始浮現。然而，自 1990 年以降，此一趨勢也開始滲透到中低所得的新興市場與開發中國家。結果是全球化促成國際勞動分工重組，也帶動社會的再階層化。衝擊至深的是社會的中下階層、失業與貧窮人口，並形成經濟型人口遷移的推力。但勞工自由遷移與否卻受到國家邊界管控的限制，形成高度流動上的不對稱。

可見，全球化在創造消費者福祉與少數人經濟獲利之下，也造成社會不平等的惡化。但自由市場經濟理念偏好的自由放任，造成國家相對於資本家的式微，反而強化了市場力量的專斷性。加上國家陷入競爭性市場開放與減稅邏輯之下，致使國家普遍面臨公債惡化、財政日益艱困，最終造成國家無法回應社會挑戰，也形成國家治理的挑戰。結果受到經濟全球化衝擊最甚的仍是中下階層的家戶所得、教育機會與資源近取，封閉了社會流動（social mobilization）的機會結構。弔詭的是，面對當前高度競爭的自由市場經濟，國家普遍認為一旦補償輸家，也將使國家競爭力衰退，因此沒有國家經得起這樣的後果。

倘若經濟全球化是一個不可逆轉的趨勢，在國家財政日益艱困，勢必難以給予遭受經濟全球化衝擊甚劇的中下階層與底層社會足夠的援助。如此一來，尋求一個兼顧經濟成長與社會發展的策略，已成為當務之急。據此，倡導回歸在地經濟、社會經濟等替代性資本主義的策略，方興未艾。

問題與討論

一、全球化下國家相繼落實勞動市場彈性化，並造成開發中國家的
就業條件惡化，派遣勞工與不穩定工作成為一種常態。試問，
面對全球經濟日益整合帶來的勞動條件惡化，國家的角色何
在？如何均衡經濟成長、勞動市場彈性與就業安全？

二、全球化帶來所得分配不均與社會不平等惡化等問題。你認為國
家在回應此一社會挑戰上，首要之務應是促成「社會重分
配」，還是維持「機會結構的開放性」？

三、全球化與全球關聯性促成人類國際遷移的日益頻繁，但不論移
民或移工在接收國的社會，都經常存在「社會融入」的困難，
也可能衍生為社會衝突或政治認同的爭議。試說明建構一個
「多元文化社會」可能遭遇的困境與解決之道？

9

Chapter 苑倚曼

環境全球化

　　人類對於地球生態圈進行整體有系統的研究並沒有多長的歷史。一直到 19 世紀晚近，才開始有相關的理論與研究，而人類活動對於生態圈的影響則一直到 20 世紀的中期才逐漸發展並受到重視。

　　生態圈的汙染與破壞可以由一個人、一群人或是一個國家所造成，然而防止或是恢復生態圈的努力卻無法透過個人或是單一國家社會所達成。保護生態圈的均衡也並不是單純的保護自然景觀而已，必須先了解個別生態系統的運行和地球生態圈運作方式，然後界定出哪些人類活動對於現在以及未來的生態系統會造成何種影響，再來採取集體聯合的修正及補救措施。

　　而所謂的修正及補救措施，涉及到科學界的研究努力，以求更加了解關於地球生態圈的知識，也涉及到個人層面對環境保護的意識與決定付出的努力與成本，最後，在國家政府層級，涉及到跨國甚至是全球性的集體行動。

一　地球生態圈、大氣圈和水圈

　　人類，屬於「生物圈」（Biosphere）的一份子。生物圈指的是地球上所有的生命體和這些生命體存在的環境空間總和，其範圍大約介於海平面上下垂直約十公里，包括支持生命存在的部分岩石圈、水圈和大氣圈。

生態圈、人為破壞與再平衡

「生態圈」（Ecosphere）是生物圈的同義詞，但是生物圈往往被用來表示所有生命體和生命體的生活空間；而生態圈更強調一個封閉、自給自足的生態系統（Ecosystem）。不同的物種在生態圈內，彼此之間以及和其他非生物因子，例如空氣、岩石、水產生交互的影響作用，最終形成一個封閉、均衡且能自我調控的系統。[1]這樣的系統我們稱之為「生態系統」。生態系統小到可以像是一個封閉的玻璃魚缸、一個樹洞內的昆蟲和微生物組合，大的可以像是雨林生態系統、沙漠生態系統、珊瑚礁生態系統、濕地沼澤生態系統。而若是將地球視為一個封閉的整體，生態圈就是地球上最大的生態系統，也是上述所有生態系統的總稱。

生態系統的邊界並非絕對的，有很多生物可以越過邊界生存，例如青蛙在水中參與一個生態系統，也可以跳到岸上參與另一個生態系統。而在一個生態系統內，各種生物之間和環境非生物因子之間存在一種平衡關係，任何外來的物種或物質的侵入，都會破壞這種平衡。平衡被破壞後，可能會達成另一種新的平衡關係，但如果生態系統的平衡被嚴重破壞，有可能會造成永久失衡。

人類歷史上便曾多次大規模的破壞生態系統的平衡，其動機多半來

1　Richard. J. Huggett, "Ecosphere, biosphere, or Gaia? What to call the global Ecosystem", *Global Ecology and Biogeography*, No. 8 (1999), p. 425.

221

自於對外部世界的好奇與擴張慾望所帶來的戰爭、貿易或殖民行為。14世紀著名的黑死病，便是在蒙古帝國打通歐亞大陸並且建立商業貿易路線後，從中國傳播至阿拉伯世界和歐洲。15世紀時，哥倫布「發現」美洲大陸後，大規模的交換美洲和歐亞非大陸之間的植物和動物，包括玉米、馬鈴薯、花生等等，並且依照殖民母國的需求，開始在美洲大陸上種植或養殖許多原本當地人並不特別需要的作物，例如甘蔗。這樣大規模的動植物交換和農業行為，對美洲以及歐亞非的生態系統帶來巨大浩劫。除了各種疾病[2]、細菌、病毒的傳播與交換造成大量人員死亡。隨意引進的物種更造成許多原生態系統的徹底改變，原始物種的滅絕或是環境荒漠化等等的不可逆結果。

二 大氣圈、碳循環與全球暖化

　　大氣圈，又稱地球大氣層，是地球最外部的氣體圈層，因重力關係而圍繞著地球，大氣圈包圍著水圈和陸地，沒有確切的上界。地球大氣圈的主要成分為 78% 的氮、21% 的氧和剩下加起來不到 1% 的二氧化碳和其他微量氣體。

　　而今日地球所面臨的氣候變遷，很大一部分的原因來自於人類對於大氣圈內這些不到 1% 的氣體組成所帶來的改變。而這些少數氣體，由於其會改變大氣圈的熱平衡，因此又被稱為「溫室氣體」。這些溫室氣

2　霍亂、流行性感冒、瘧疾、麻疹、鼠疫、猩紅熱、昏睡病（非洲錐蟲病）、天花、結核病、傷寒等疾病從亞歐大陸和非洲被帶了到美洲大陸；而查加斯病、梅毒、莓狀血管腫、黃熱病等傳染病也從美洲被帶到了歐亞大陸。

體，包括二氧化碳、甲烷、一氧化二氮，以及人造的氯氟碳化物、全氟碳化物、氫氟碳化物和自然的水蒸氣。這些氣體具有能夠吸收紅外線的特性，將太陽的輻射熱保留在近地表的大氣中，從而形成「溫室效應」。

在地球誕生初期，大氣圈中曾經充滿著大量的二氧化碳，地面氣溫也因此居高不下。其後有一大部分的二氧化碳被儲存在石灰岩層（即碳酸鈣）中，另一部分則儲存在生物（例如植物的光合作用）體內形成有機體（即碳氫化合物），生物死後埋入地底並經過長時間的地質作用後轉化成為煤和石油的化石燃料層。[3]

地球從最後一次冰河期到工業革命之間約一萬兩千年的時間，大氣層中的溫室氣體（二氧化碳）量並沒有太多變化，平均氣溫也沒有太多改變。在這段漫長的時間內，地球生態圈內的碳循環維持穩定。海洋和地表，與大氣圈每年約交換 700 億到 1,200 百億噸的碳並保持均衡的態勢。[4]

但是自從工業革命以來，人類的活動使得大氣中溫室氣體含量增加，並由於燃燒石化燃料所釋放出的二氧化碳、甲烷、一氧化二氮，以及其他工業活動所排放的人造溫室氣體，加速造成全球暖化現象。

---

3 Yves Dandonneau, "Comment le carbone circule-t-il entre l'atmosphère, l'océan et les continents?", in Erik Orsenna and Michel Petit, eds., *Climat : une planète et des hommes – quelle influence humaine sur le change-ment climatique?* (Paris: Cherche-midi, 2011), pp. 132-133.

4 *Ibid.*, p. 135.

根據聯合國「跨政府間氣候變化專家委員會」（Intergovernmental Panel on Climate Change, IPCC）第四次發表的正式「氣候變遷評估報告」，人類如今每年排放約 80 億噸的碳，其中 45 億噸是燃燒化石燃料（煤和石油）所造成的，另外 26 億噸則是變更土地利用所導致的碳排放（例如砍伐原始林闢為農地）。而這每年排放的 80 億噸的二氧化碳，其中 22 億噸會透過海洋吸收，25 億噸被地表的動植物所吸收，然而每年還有多餘的 32 億噸二氧化碳排出到大氣層，這也就是溫室效應不斷加劇造成全球暖化的主因。

全球暖化下地球各個生態系統逐漸發生重大改變，如今已經成為世界各國所共同關注並且實際採取共同行動因應的公共議題。

三 水圈、水資源與海洋洋流

水圈，是由水構成的系統，泛指地表上所有的水，總共占據地表約 70% 的面積。在水圈中，大部分型態是以液態和固態的形式呈現，構成各種如冰川、海洋、河流、湖泊等等的水體。

水會透過一些物理作用，例如蒸發、降水、滲透、表面的流動和地表下流動等等形成水循環，但是地球的總含水量基本不變。而海洋的儲水量占地球的總水量約 97%，而剩下的 3% 當中大部分是以極地冰帽、積雪和冰川形式存在，真正可供人類使用的淡水資源不到 1%。

根據聯合國統計，地球上共有 17 億人口的居住地水資源受到威

脅，大概是將近 20% 的地球總人口。如果沒有採取改善行動而任由情況惡化的話，到了 2025 年約會有 50 億的人口會受到影響，主要位於中東和非洲地區。淡水資源的匱乏，對人類的經濟活動具有莫大影響，特別是農業與發電。水資源的跨國境共享如今已經是極為迫切的議題，然而許多紛爭卻也圍繞著水資源而起。

水圈中的海洋除了是地球最大的儲水場以外，同時也是重要的儲碳場。大氣圈中的碳會溶解於海洋，也會從海洋再被釋放到大氣圈中。這樣的循環會受海水表面溫度、酸鹼值、海洋環流和海洋生物作用所影響。一般說來，低溫的海水有利於吸收大氣中的二氧化碳。因此，在高緯度地區的海水將吸收二氧化碳的海水從洋面沉入深層海洋並透過洋流往熱帶地區輸送。而熱帶地區的上升洋流則將海水從深層海洋送回洋面並把二氧化碳釋回大氣當中。此外，酸化的海洋會釋放出更多的二氧化碳（分解碳酸鈣），而分解碳酸鈣的結果除可以讓海水的酸鹼值再度回復。在長時間的作用下，二氧化碳和水會逐漸形成各種碳酸化合物並沉入海底，而再透過地殼的板塊運動將碳沒入岩層，這些沒入地殼的碳元素亦會透過板塊隆起和火山運動將碳元素回歸到大氣層當中。

海洋的洋流除了結合大氣圈形成碳循環交換之外，同時也是生態圈能量的調節者。海洋吸收大量的太陽輻射能，轉化成為熱能，再透過風力、鹽分密度的差異和月球引力形成深海洋流。這個遍布全球的洋流循環系統，將赤道的暖流帶往南北極，在高緯度處冷卻下沉到海底，接著流入盆底前往其他的暖洋位加熱循環。在這個過程中洋流運輸的熱能量

讓全球氣溫受到調節，減少溫差，並且還運送各種礦物和氣體資源供生態圈生物使用。

二　人類活動對地球生態圈的影響以及氣候變遷對人類社會造成的結果

　　農業活動是人類大規模改變生態系統之始。在人類歷史初期，由於只會使用簡單的工具，因此人類對生態系統的改變能力有限。採集、狩獵，乃至於游牧的生活模式，其結果通常過度消滅居住地的物種，而為了解決糧食危機，人類必須定期進行遷徒，讓遭破壞的生態系統得以自行恢復。

　　農業技術的改變，使得人類能夠更充分的利用對自己有利的物種並改造土地成為有利農業的環境。農業活動使得人類的生產力大幅提高，因此創造出各個偉大的古代文明。然而，包括美索布達米亞兩河流域、尼羅河流域、黃河流域和印度河流域所崛起的古代文明，原本都是植被豐富、生態系統完善的沃野之地，但經過長期過度的土地利用，溝渠開發，破壞原始林相，如今都已呈現荒山禿嶺的荒漠景觀。

　　農業活動是人類按照自己的生存需求破壞生態系統的範例。人類開墾「荒地」，破壞原有生物的棲息地，並界定出「害蟲」，引進能夠補食害蟲的動物改變原有的生態平衡。原有生態系統的平衡被破壞後，系統內的物種可能會滅絕也可能會適應新的環境而逐漸達到另一種平衡關

係，產生一個新的生態系統。舉例來說，如果人們棄耕農田，不久就會重新產生出新的生態系統，也許會出現雜草遍地或沙漠化的情況，但是通常無法自動恢復到原本的生態系統。

從 18 世紀中葉開始的工業革命，個別國家先後分別從農業社會過渡到工業社會。主要的特色是生產過程由人力、獸力轉變成為機器生產。而機器生產的特色是需要大規模的資本和勞力集中，因此大規模集中的工廠取代了傳統分散式的家庭式工坊，以利大規模的機械化製造和生產。大規模的生產供給，加上殖民地的的廣大市場需求和原料，便逐步形成了興盛的世界貿易網絡。

機械生產的另一特色是以燃燒煤、石油、天然氣等化石燃料以及其後所生產的電力作為能源基礎。而為了因應工廠和貿易的需求，各地開始出現都市化現象並積極建設水、陸、空交通線以把生產貿易連結一起。

由於工業社會透過不斷提高的技術使得產能不斷提高，自由貿易使得需求也同時增長，整體經濟的成長帶動人口成長與都市發展，並帶動更多的消費需求。在這樣繁盛的經濟發展背後，由於為了使機器生產的產能極大化，往往會不顧一切的消耗自然資源以達到產量最大化。因此，工業革命以降的兩百多年，人類對地球生態圈的破壞，超過人類先前的所有文明總和。大氣汙染、河川海洋汙染、土壤汙染、噪音汙染等等，其對個別生態系統的影響與傷害史無前例。

　　這些對於生態系統的汙染與破壞，更透過交通運輸的發展，貿易和戰爭，以及大氣圈、水圈的自然流動，將破壞帶至各個生態系統，即便罕有人跡的山巔或極地，同樣無法倖免。人類活動是今日造成地球生態圈失衡的最主要因素。對於生態系統的破壞與汙染並不會受到政治上國界的限制，而便利的交通可使得人類可以輕易地跨越並改變個別的生態系統。

　　人類對於生態系統的影響，特別是透過工業革命後大量使用的化石燃料，將千萬年地質作用所緩慢儲存的碳，快速大量的釋放到大氣層中，使得大氣層中的二氧化碳快速增加，打破了地球整體生態圈長期以來的碳循環均衡。在工業革命以前，大氣層中的二氧化碳含量比例約為280 ppm [5]，但是到了 2010 年，已經快速增加來到 390 ppm。[6]碳均衡被打破，溫室氣體的增加，加速全球暖化的效應並造成各個生態圈各種不同的氣候異常變遷。

　　氣候變遷已經開始對人類社會產生重大影響，然而目前的科學還尚無法精確估算出各項變遷對於人類社會所帶來的損害數字。從目前現有的研究觀之，光是全球有限度的暖化所帶來的氣候變遷就會對生態系統造成毀滅性的影響。而生態系統的改變，以目前研究最多的農業領域而言，雖然不至於在本世紀內造成農業生產無法滿足全球人口的問題，但

5　　ppm，百萬分之一，是大氣層中測量二氧化碳的比例單位；測量大氣內容成分時不包括水氣，因為水氣的變化因天候地域而有所變化。

6　　Yves Dandonneau, *op. cit.*, p. 139.

是卻會造成農業生產的嚴重失衡。農業生產將會集中在北方國家[7]，而南方國家由於人口增長和氣候變遷，將會更加依賴國際貿易和北方國家的農產品。而農業生產失調的結果將會牽連到其他層面的經濟發展，最終受害最深的將會是開發中國家，特別是非洲國家。

農業生產層面失衡的結果會造成隨後很多不同面向的發展。首先，可以理解開發中國家對於糧食短缺而對北方國家產生依賴的擔慮，往往造成國際政治上的紛爭。而為了平衡進口農產品的貿易，開發中國家也必須想辦法出口產品以求達成貿易均衡。然而對於以農產品出口外銷為主的開發中國家而言，因為氣候變遷導致國內生產減少而需要仰賴外國進口，不但造成國內財政的困難更拉大貧富差距，以及造成大量農業工作人口的失業，土地利用的變更，以及隨之而來的各種社會問題。而這一切的起源除了來自氣候變遷，也還有其他各種開發和汙染所加速導致的土壤資源和水資源的耗竭和破壞。

三　回復生態系統平衡的國際集體行動

一　聯合國

生態圈的改變與再均衡，以及對人類社會的反撲所帶來的傷害，自

---

[7]　北方國家指的是已開發國家，而南方國家指的是發展中國家。彼此區分的標準是經濟和社會發展水準。雖然大部分北方國家位於北半球（澳大利亞和紐西蘭除外），但是地理位置並不是劃分的標準。

始便是全球性的問題。然而對於地球整體生態圈、水圈、大氣圈有系統的保護，一直要到 1972 年在瑞典斯德哥爾摩所舉辦的「聯合國人類環境會議」才真正首次被提出，然而當時還停留在原則性的宣示和減少汙染的傳統想法。

一直要等到 1992 年里約熱內盧舉辦的「聯合國環境與發展會議」，又稱地球高峰會，經過聯合國「跨政府間氣候變化專家委員會」的科學研究與公開報告，對全球暖化的成因、影響與政策形成共識後，155 個國家終於簽署了《聯合國氣候變化綱要公約》[8]（*The United Nations Framework Convention on Climate Change, UNFCCC*），提倡「永續發展」和「生物多樣性」的概念，並在 1997 年簽訂其補充條款《京都議定書》[9]（*Kyoto Protocal*），才真正確立了一套以地球生態圈為對象，整體的、跨國共同合作的、具有拘束效力的國際環境保護協定。

1. 從《聯合國氣候變化綱要公約》到《京都議定書》

《聯合國氣候變化綱要公約》的目標是從控制溫室氣體的排放量做起，以確保生態系統的適應、糧食的生產安全和經濟的永續發展。其中關鍵問題在於化石燃料的使用方式，而這直接牽扯到國家產業的的各種經濟利益，因為化石能源正是轉動全球經濟體系的原動力。全球經濟體

8　本次里約地球高峰會，除了簽署《聯合國氣候變化綱要公約》外，還簽署了《里約環境與發展宣言》《二十一世紀議程》、《森林原則》和《生物多樣性公約》，但是只有《聯合國氣候變化綱要公約》和《生物多樣性公約》具有法律拘束力。

9　《京都議定書》已於 2005 年生效，並經過第 18 次締約國會議（COP 18）於 2012 年通過，同意延長至 2020 年。

系中約 90%的供應來自石油、煤、天然氣等化石能源。不論是減量或是尋找替代能源的國際協定勢必影響到各種產業（如石化、鋼鐵、水泥等傳統工業）以及改變一般人每天已經習慣的生活型態（像是交通運輸、綠色消費、能源成本等等生活）。國際協定若是化作國內立法，影響將遍及產業、工作和生活結構，勢必引起諸多反彈。因此談判過程極為艱辛，執行層面也遭遇各種抵制和反對。

從 1988 年聯合國成立「跨政府間氣候變化專家委員會」到 1992 年簽訂《聯合國氣候變化綱要公約》，1997 年議訂《京都議定書》，將近十年的談判過程中，由於各國利益不同，彼此結盟或對抗的情形屢見不鮮。

在「經濟合作發展組織」（Organization for Economic Co-operation and Development, OECD）[10]，也就是已開發國家成員當中，歐盟是對《京都議定書》溫室氣體減量政策最為支持的聯盟，人民對環保議題較為關切，監督政府也採取較積極的態度。2002 年，歐盟也因此建立了「碳排放交易系統」，交易配額包括六種關鍵行業：能源、鋼鐵、水泥、玻璃、製磚和造紙，透過這個交易系統幫助其他難以達到減量目標的國家達到標準。

10　「經濟合作發展組織」（OECD）國家，也被稱為已開發國家或工業化國家集團，組成的國家包括澳洲、奧地利、比利時、加拿大、捷克、丹麥、芬蘭、法國、德國、希臘、匈牙利、冰島、愛爾蘭、義大利、韓國、日本、盧森堡、墨西哥、荷蘭、紐西蘭、挪威、波蘭、葡萄牙、西班牙、瑞典、瑞士、土耳其、英國及美國。在《聯合國氣候變化綱要公約》中，此類國家多被歸類為附件一國家清單當中，而在《京都議定書》中，則列入附件 B 國家清單，而不管是附件一還是附件 B 國家，都有率先並強制減量溫室氣體排放的義務。

　　另外支持公約與《京都議定書》內容的還有島國聯盟[11]（Alliance of Small Island States, AOSIS）和大部分中南美洲國家。這些國家本身碳排放量並不大，而且由於被海洋包圍的關係，特別容易受到海平面上升的影響而威脅其生存，所以對公約各項議題的立場支持採取比較嚴格的限制。此外，由於這些國家普遍缺乏資金與減碳所需的技術，對於參加《京都議定書》所設計的「清潔發展機制」[12]（Clean Development Mechanism, CDM）具有強烈興趣。

　　而另一方面，以美國為主的「雨傘集團」[13]（Umbrella Group），集結了其他非歐盟的工業國家，其立場認為各個國家的減碳成本不同，能源自給率也不一樣，反對一體適用嚴格的條文，主張透過彈性機制及交易行為來達成溫室氣體減量的目標。此集團內的各國情況並不相同，例如美國人口占世界 4%，卻排放接近全球近 18% 的溫室氣體，加拿大人口占世界 0.5%，排放量卻占全球第八位。[14]日本同樣也是溫室氣體排

11　「島國聯盟」成員與觀察員共 42 個，包括巴哈馬、貝里斯、庫克群島、古巴、多米尼克、密克羅西尼亞、斐濟、關島、牙買加、馬爾地夫、馬紹爾群島、諾魯、帛琉、巴布亞新幾內亞、新加坡、所羅門群島、吐瓦魯等國。

12　「清潔發展機制」允許《聯合國氣候變化綱要公約》附件一國家（已開發國家）與非附件一國家（開發中國家）合作進 溫室氣體減 計畫，目的是為了鼓 減 成本較高之已開發國家，透過資 援助和技術移轉到開發中國家，幫助其達成溫室氣體減 目標。其合作的成效，將頒發經認可的排放減 證明給參與合作的國家。此份證明可以提供附件一國家作為抵銷排放份額之用，而非附件一國家也可出售其證明來賺取利潤。「清潔發展機制」的設計除了能夠促進減少溫室氣體排放，也可以降低已開發國家的執行成本並平衡已開發國家和開發中國家的經濟發展差異。

13　「雨傘集團」成員包括美國、日本、加拿大、澳洲、紐西蘭，在第四次「締約國大會」（COP 4）時，瑞士、挪威和後來加入的 島，其立場認為各國國情不同，減碳成本也不同，應該透過彈性機制及交易來達成溫室氣體減量的目標。

14　根據 2015 年巴黎會議中，各國提交給聯合國氣候變遷小組的溫室氣體排放量最新統計資料。國際排放量以公約資料統計，非單一年份。資料來源：http://unfccc.int/ghg_data/items/9354.php。

放大國，但石化燃料多仰賴進口，所以能源使用效率高於美加甚多。挪威、冰島兩國能源以水力為主，計算的排放基準量甚低對其不利。各國的情況不盡相同，但是都贊成以彈性的方式，透過交易、抵減方式來計算溫室氣體的減量排放。

此外，按照美國能源部估計，全球二氧化碳排放量在今後 20 年將增加 70%，但是其增加的量主要來自開發中國家，然而《京都議定書》卻只針對已開發國家設限，卻沒有規範開發中國家的責任，特別像是溫室氣體排放量已經是全球第一的中國（占全球排放量 20%）和第四的印度（占全球排放量 4%）。這樣一來不但美國的經濟發展會受到歧視性的對待，《氣候變化綱要公約》希望透過全球努力來抑制氣候變遷的努力也會出現破洞。所以美國和多數的已開發國家希望將中國及印度等開發中國家同步納入管制架構，希望主要排放國（中國、印度等）應自願承諾減量，否則將拒絕批准《京都議定書》。

溫室氣體不論在地球上任何國家排放，都會跨越國境造成大氣圈中溫室氣體的濃度增加。那麼溫室氣體減量的責任是否該根據排放量來承擔？對於發展中國家為主體的「七十七國集團[15]」（Group of 77）而言，認為現今全球生態圈的暖化所導致的氣候變遷，多半是由於歐美工業化國家在過去工業革命以來所排放溫室氣體所致，所以主張已開發國

15　1964 年 77 個國家在日內瓦召開的第一屆「聯合國貿易與發展會議」（UN Conference on Trade and Development, UNCTAD）上發表了《日內瓦聯合宣言》，又稱為《七十七國聯合宣言》，提出了開發中國家關於國際經濟關係、貿易與發展的一系列主張。目前有 132 個成員國，但仍延用原名稱。

家應該負擔起溫室氣體減量的義務和歷史責任，並且不應該以此為由，局限尚在發展中的經濟體使用化石能源的資格。此外，七十七國集團主張已開發國家也應該透過財務機制對開發中國家進行資金支援與技術移轉，協助開發中國家提升減少排放溫室氣體的能力。中國和印度是此一開發中國家集團中排放量最高的國家，同時也是人口最多的國家，主張不應該從總量，而是從人均排放量來計算溫室氣體的減量程度對他們而言較為有利。

經過漫長的討論，《京都議定書》終於在 1997 年於日本京都議定，並於 1998 年 3 月起開放簽署，生效門檻條件為 55 個國家簽署加上簽署國家的溫室氣體排放量達到全球總量的 55%（美國、中國、歐盟、俄羅斯加起來的全球排放量即為 58%）。《京都議定書》最終在 2005 年達到雙門檻並開始強制生效。然而中國、印度以及其他的發展中國家被《京都議定書》豁免，所以不受溫室氣體排放限制。而美國在國內未送交國會批准，所以未能成為有約束力的國內法律文件。

《京都議定書》為地球生態圈和國際環境法奠定了第一步有拘束力的法律基礎，並開始改變國家、非國家組織和個人對於氣候變遷和生態系統的想法，是人類集體保護地球生態圈的一大嘗試。

2. 從《京都議定書》到《巴黎協定》

隨著《京都議定書》將於 2020 年到期，聯合國在 2015 年於巴黎再度召開《氣候變化綱要公約》第 21 次締約國大會（COP 21），希望能

通過具有法律約束效力的決議以取代《京都議定書》。

　　本次 2015 締約國會議通過的《巴黎協定》（*Paris Agreement*），同樣以抑制全球暖化為主題，目標訂定在是減少溫室氣體排放，以求讓全球氣溫以工業革命前為基準，在 2100 年時上升不得超過攝氏 2 度，並努力控制在攝氏 1.5 度以內。

　　《巴黎協定》試圖重新建立各國對聯合國機制的信心，修補 2009 年哥本哈根會議中嚴重的貧富國衝突和南北對抗，強調「共同但有區別的責任」，並要求已開發國家向開發中國家提供更多資金和技術幫助，同時納入「支助透明度框架」，公開各國提供及接受幫助的資訊。

　　與《京都議定書》不同的是，《巴黎協定》並不強制規定各會國被動地接受聯合國氣候變遷小組所制定的減碳目標，而是要求各氣候變化綱要公約會員國個別提出「國家自主決定預期貢獻」（Intended Nationally Determined Contributions, INDCs），就是各國自訂的減碳計畫書，表明各自願意為氣候變遷付出的努力程度。而在本次巴黎會議之前，共有 146 國遞交了國家自主決定預期貢獻計畫書，遠遠超過《京都議定書》的締約國數量並且已涵蓋全球 86% 的溫室氣體排放量。這些計畫囊括各項產業，包括能源、交通、土地規劃和都市治理等等長期目標，由此觀之，可以看出後《京都議定書》時期（2012 年以後）全球對於氣候變遷的觀念已經發生質變，並且在政府間出現強烈的減碳，甚至長期碳中和（零成長）的共識。

　　《巴黎協定》還有另外一項特點，就是把非國家行為者（non-state actors）納入國際氣候行動。這些行為者包含城市、地方政府、企業和投資人，也包含公民社會的每一個人。這些非政府行為者在後《京都議定書》時代，以及以網路為主的全球化浪潮下，不但督促、推動各國政府的減碳計畫，更是通往低碳經濟、普及綠色生活最重要的推手。

　　從 1992 年簽訂《聯合國氣候變化綱要公約》到 2015 年的之間《巴黎協定》，歷經二十多年的國際協商，從原則的確立到具體的規範，試圖建立一個全球性的集體保護生態圈行動。本次的《巴黎協定》更是歷史性的一步 [16]，將促使人們改變對於發展的概念和生活型態。儘管對於區分已開發與發展中國家的責任仍有爭議，但主要各大排放國，包括美國、中國在內，都對《巴黎協定》表示有意願也有能力去努力維持地球生態圈的均衡。

 ## 歐洲聯盟

　　歐盟的環境保護政策為目前全球最嚴格的區域，並同時領導全球在環境保護議題上趨向多元化並落實到一般平民的生活當中。

　　工業革命以來，歐洲工業發展迅速並未考慮到對地球生態圈的影

16　《巴黎協定》和《京都議定書》生效門檻相同（55 個公約成員國加上全球 55%溫室氣體排放量雙門檻），並且計畫在 2016 年 4 月 22 日到 2017 年 4 月 21 日期間開放簽署。生效後將於在 2020 年前募齊 1,000 億美元資金，並將定期總結協議執行情況，於 2023 年進行第一次總結，此後每 5 年進行一次。

響。即便到二次大戰成立歐洲聯盟後，擴張經濟仍然是歐盟首要目標。歐洲的環保意識直到 1970 年代隨著萊因河與地中海的汙染、酸雨及森林破壞等問題才逐漸抬頭，1972 年 10 月的歐洲高峰會，歐洲各國政府承認經濟發展的目的乃是為了改善生活品質，而環境惡化下的經濟發展卻無法促成生活水準的提升。因此 1973 年歐盟執委會首度提出《環境行動綱領》（*Environment Action Programme*），將各會員國的環境政策協調一致化。

1992 年的《歐洲聯盟條約》（*Treaty on European Union*）中，擴大執委會在共同環境政策上的職權，並在 1999 年通過的《阿姆斯特丹條約》（*Treaty of Amsterdam*）中明訂「永續發展」（sustainable development）為歐盟的基本原則，並在歐盟環境立法上適用「條件多數決」，並允許會員國採取較歐盟層次更嚴格的標準。

從 1970 年代開始至今，經過六個環境行動綱領和超過 30 年的環境標準制定過程，歐盟建立了一個全面的環境保護體制，並在 1994 年成立歐洲環境總署（European Environment Agency），對來自所有會員國的環境資料進行統計與分析，作為執委會作成決策以及監督各會員國執行的依據，同時推廣環境研究教育，協助執委會傳播環境研究成果。

歐盟的環境保護體制標榜「多元化」，涉及到各項層面，從噪音、飲用水到廢棄物，從自然棲息地保護到化學品管制，並秉持「汙染者付費」的原則開徵環境稅，要求生產者或投資者必須符合高於全球水準的

環保標準並承擔汙染的代價。當有可能產生環境威脅時，即便現今的科學還無法證實危害，歐盟執委會亦可以採用「預警原則」提出預先保護措施。歐盟的環保理念與制度，不僅只規範歐盟內的會員國，更透過國際貿易和經濟全球化的方式影響世界各國政府。以下茲就歐盟影響世界的重要環保法規進行介紹。

1. 《REACH 規章》

　　《REACH 規章》是一項整合化學品註冊、評估、授權和限制（Registration, Evaluation, and Authorization of Chemicals）的法律規章（regulation），效力適用於所有歐盟國家，旨在保護人體和自然環境免於受到化學品的危害。

　　由於國際間化學品的應用研發及擴大，歐盟整合現有的化學品相關法規，並 1981 年為界，將現有化學品分成既有物質（約三萬種）和新物質（約四千種），對於新物質按照 REACH 規範進行測試和風險評估，對於既有物質則由產量大的化學品（每年超過一千公噸）開始優先逐步進行風險評估。

　　對於非歐盟的製造商和進口商而言，化學品進口總量超過每年一公噸者也必須提供相關資料給主管機關歐洲化學總署（European Chemicals Agency, ECHA）登記，以便能有效管理化學物質。若進口至

歐盟的物質被歸類為高關注物質[17]（Substances of Very High Concern, SVHC），則將需要被授權。如果製造商或進口商未能於期限內提供完整之資料，將不能製造或進口該化學品。

2.《RoHS 指令》

歐盟《RoHS 指令》[18]是一項針對電子電機產品「危害物質限用指令」（Restriction of the Use of Certain Hazardous Substances），針對十大類產品[19]的生產和進口，限制其使用六種特定的化學物質，分別是：鉛、鎘、六價鉻、汞、多溴聯苯、多溴二苯醚。

由於規範的產品除了歐盟本身製造的產品之外，也包括進口產品，加上電子電機產品的上下游分工外包特性，使得《RoHS 指令》在全球的相關產業供應商產生擴散效應，不管是品牌廠商、原料、零件、代工的各階段供應商都必須符合《RoHS 指令》，將危害環境的物質限制在允許的濃度內。

3.《WEEE 指令》

歐盟《WEEE 指令》（*Waste Electrical and Electronic Equip-*

---

17 歐盟《REACH 規章》，包含化學品註冊、評估、許可和限制的管理法規，已於 2006 年 12 月 18 日通過了歐盟理事會的表決並已正式頒布，自 2008 年 10 月 9 日開始全面實施，高關注物質至 2015 年 12 月公布項目已達 168 項。

18 歐盟在 2003 年 2 月通過《RoHS 指令》，並於 2006 年 7 月 1 日起生效。

19 《RoHS 指令》規範對象為工作電壓小於 1,000V AC 或 1,500V DC 的設備，分別為：（一）大型家用電器；（二）小型家用電器；（三）資訊技術及電信通訊設備；（四）消費性耐久設備；（五）照明設備；（六）電機與電子工具；（七）玩具、休閒與運動設備；（八）醫療機器；（九）監視、控制設備；（十）自動販賣機。

ment），規範電子電機產品的廢棄物處理標準。如同《RoHS 指令》一樣，《WEEE 指令》將電子電機設備分為十大類 [20]，要求製造商考量產品廢棄時所造成的環境汙染問題，分別為各類別產品設定其報廢、回收和再生的目標。

《WEEE 指令》要求製造商建立回收體系，並訂出回收目標。現有的回收目標各會員國的電子電機廢棄物回收量必須達到至少每人每年四公斤 [21] 的水準。

《WEEE 指令》首先會影響品牌廠商，在為了維護商譽和避免被處罰的壓力下，會避免使用難以回收或再利用的材料和零件，而此一要求會從歐盟廠商逐步擴散到歐盟外部的零件製造商或代工廠。由歐盟廠商帶頭使用易於回收和環保的設計，並負起回收的責任。

4. 《EuP 指令》

歐盟《EuP 指令》針對耗能產品提出生態化設計的要求（Eco-design Requirements of Energy-using Products）。《EuP 指令》管制之對

20　同上註。
21　不同類別產品回收率標準並不相同，例如：第一類和第十類產品的回收再利用率為 80%，零件或材料的再循環率為 75%；第三類和第四類產品的回收再利用率為 75%，零件或材料的再循環率為 65%；第二、五、六、七、八、九類產品的回收再利用率為 70%，零件或材料的再循環率為 50%。

象是交通運輸工具之外的耗能產品[22]（需要接電源或是供應石化燃料的設備），鼓勵生產者以「生命週期」的角度思考來設計產品，由原物料開採、製造、包裝、運輸、銷售、安裝、維護、使用、再利用到最終廢棄均需納入考量，目的以提升產品的能源使用效率並透過設計延長產品使用的壽命。

歐盟認為產品設計對消費者行為有顯著的影響，無論是產品棄置與回收或使用階段，製造商和進口商皆有義務將與產品相關之環境特性以量化方式建立生態說明書（eco-profile）說明其產品對於環境的衝擊，並使產品符合《EuP 指令》中對於能源的規範方可在歐盟境內流通。

《EuP 指令》雖然針對耗源產品，但其所規定之環保設計參數不僅涵蓋能源效率指標，也包括各項資源消耗量、對大氣、水和土壤的汙染物排放量，以及回收和再利用考量等，是新一代的產品綠色設計規範。

歐盟從 1950 年代開始的區域化合作到 1990 年代成為超國家組織，從經濟、貿易出發到內政、環境的政策協調，建立以永續發展為主軸的

---

22 《EuP 指令》在清單中將耗能產品分為十九種，分別是：（一）鍋爐與混合式鍋爐（瓦斯、燃油、電力）；（二）熱水器（瓦斯、燃油、電力）；（三）個人電腦（桌上型與筆記型）與電腦螢幕；（四）影像設備（影印機、傳真機、列表機、掃描機與多功能事務機）；（五）消費性電子產品（電視機）；（六）待機與關機狀態仍耗損能源之耗能設備；（七）充電器與外接式電源供應器；（八）辦公室照明設備；（九）公用的街道照明設備；（十）室內之住宅設備（空調設備）；（十一）1～150kW 的電動馬達與（1）抽水幫浦（包含商業大樓、飲用水抽取、食品工廠、農業）、（2）大樓之循環設備、（3）風扇（非住宅之大樓）；（十二）商業製冰與冷藏設備，包含冷卻設備、展示櫃與自動販賣機；（十三）家用冷藏與冷凍設備；（十四）家用洗碗與洗衣設備；（十五）固體燃料小型燃燒設備（特定暖器設備）；（十六）烘衣機；（十七）真空吸塵器；（十八）數位電視機上盒；（十九）家用照明設備。

歐盟環境法體制。歐盟在邁向超國家組織的各個階段中，都有相對應的環境政策，在歐盟條約的約束下，各會員國將歐盟環保法規「內國法化」，成為各成員國都實行的共同政策。然而各國經濟產業發展水準不盡相同，歐盟也會針對地區差距和貧困不利的區域提供差別支持跟過渡時期的保護，讓整體歐洲的環境生活水準得以提升。

歐盟所面臨的挑戰和全球大部分的國家一樣，是如何兼顧經濟與環保，並以長期而能永續經營的政策透過高標準的環保法規帶動技術創新與綠色經濟。在全球化時代，歐盟的環境政策透過貿易和公民參與成為各國生產者和消費者的標竿，無論對人類永續生存和自然環境保護都會產生重要而深遠的影響。

三 非政府組織

全球有將近一百個跨國非政府組織投入環境保護行動，而以國家為活動界限的環保組織更有數倍之多。非政府組織在過去往往由於缺乏資金、人員和執行能力，因此在面對國際環境議題時顯得無能為力，難以有效號召並解決全球性的環境問題。在跨越國界的環境議題上，主權國家和政府間組織（例如聯合國）仍然還是最重要的行動主角，具備權威、政策執行力與法令拘束力。儘管如此，在過去仍然有許多非政府組織透過對主權國家政府的遊說或施壓，形成輿論使得主權國家間紛紛制定相關環境政策，例如 1980 年代末期的「南太平洋漁業論壇組織」（South Pacific Forum Fisheries Agency），便曾倡議南太平洋各國禁止

使用大型流刺網在此區域捕魚，此一區域性的禁令後來促成 1991 年聯合國通過遠洋全面禁用流刺網條約。另外還有像綠色和平組織（Greenpeace）曾在 2011 年發布了報告，揭露 Adidas、Nike、Puma 等國際知名運動品牌在亞洲工廠的生產過程中將汙染物直接排入河流，造成嚴重水汙染，因此在全球各地串連發起非暴力抗議行動，成功迫使各大品牌承諾在 2020 年前實現有害物質的零排放的標準。

在網路全球化的時代，公眾透過社交網路進行觀念交流和行動參與，使得國際非政府組織在環境議題上的知名度大增，例如提到綠色和平組織便會連結到海洋保育議題和跨國石油公司汙染議題，世界自然基金會（World Wildlife Fund, WWF）便會連結到生物多樣性和棲息地保護的議題。在面對重大自然破壞或災害時，透過網路號召與募款，往往能得到網路普及化之前的所能得到的數倍支持。

然而，非政府組織也容易發生與其他單位協調不易並且內部缺乏透明監督機制的問題。為此，聯合國在 2015 年的巴黎會議（COP 21）中，特別將國際非政府組織一同納入國際氣候行動，希望能擴大公民參與，一同推動公民的環境意識並督促主權國家政府採取相對應的環境政策。

四 結論：永續發展與資源管理，國家和個人層級的努力

　　全球化是 21 世紀必然的趨勢。隨著交通運輸的發達便利，加上網路資訊各種通訊跨國界無時差的交流，使得不管是商品還是服務市場都難以受到國界的限制和國家的規範而逐漸趨向自由化。經濟的全球化使得生產出現區域分工的現象，並且擁有廣大市場和勞工、方便運輸原物料的都會區成為軸心城市。資本、勞工、原料、技術不斷集中的結果，全球越富庶的國家將會變得更富庶，而拉大與其他國家的貧富差距。

　　根據聯合國統計，目前全球高所得的已開發國家人口，雖然只占全球人口的 15%，卻使用全球 56% 的自然資源。而貧窮國家的人口雖然占了 40%，卻僅僅使用全球 11% 之資源。已開發國家對自然資源和能源之集中消耗型態，是促使其經濟成長並吸引更多人口的動力。然而這樣的經濟成長模式對生態環境造成極大壓力。

　　1992 年的里約地球高峰會，155 個國家簽署了《聯合國氣候變化綱要公約》，此後「永續發展」的概念取代了傳統經濟和環保的零和概念。永續發展包括經濟的、生態的以及人類社會的三個層面，屏除傳統生產成本的模式，加入「外部成本」、環境壓力和資源需求的考量，不以追求短期的利益為目標，而採行能夠永續經營的模式。

　　人類社會面的永續，建立在對於清潔的食物、水和空氣，以及安全住所等的基本需求，並且保障公民能在這些事物上擁有平等權力以及參

與決定的政治權力。歐洲從工業革命到 20 世紀中期，忽略環境保護的經濟發展所帶來的「外部性」迫使歐洲各國體悟到失去清潔食物、空氣和水的經濟成長無法帶來幸福和永續生存。為此，歐盟採取了一系列高於世界標準的環境法規，並透過貿易和經濟自由化將歐盟的環境法治帶到世界各貿易夥伴國之間。歐盟新世紀的政策特別注重經濟、文化與生態環境的共榮發展，強調永續發展優先、與經濟互榮互利及強調資源扶助與損害補償的概念，是當代環境法的前驅。

永續發展的概念不再將經濟、生態與社會的面向區分開來，而是將各個層面連結，改變地球上自然資源的流通模式，以及人類對於經濟、生態和社會的想法價值。

要達成資源和生態的永續和再均衡，必然要先改變現有的資源消耗模式。《聯合國氣候變化綱要公約》，以及其後續的補充條款《京都議定書》和《巴黎協定》就是由減少溫室氣體排放量、對抗氣候變遷開始，改變國家人民對於化石燃料的使用方式，進而帶動經濟上產業發展和能源結構轉型，最終改變人類社會對於追求經濟成長的過度觀念。

歐盟的《REACH 規章》、《RoHS 指令》、《WEEE 指令》、《EuP 指令》也是為了改變現有的製造和消費模式，減少有害物質的使用，鼓勵生產者從資源使用效率和再利用的概念改變大量製造和消費的習慣。在這樣的過程中，不單單只是保護地球生態圈的行動，背後牽動著緩解國際社會和跨國企業因為經濟和資源爭奪所引起的區域衝突和資

源浪費，並讓地球各區域的公民社會能夠擁有和新型態的經濟發展及生態圈均衡達到共存的機會。

由《聯合國氣候變化綱要公約》開始，歷經《京都議定書》到《巴黎協定》所打造的國際環境法雛型，不僅僅是生態上的全球化解決方案，更是經濟上和人類社會上的一項重大挑戰。歐盟在區域以永續發展為主軸的共同環境政策，並協助貧困不利的區域提供兼顧經濟發展及保護生態圈均衡的行動，加上全球各地的非政府組織，透過跨國集體的合作，讓全球、區域、國家、都市、團體和個人之間都能在跨國界無時差的新一波網路全球化中，獲得改變人類自工業革命以來的經濟模式，回復地球生態圈均衡的契機。

問題與討論

一、在國際環境行動中，生物多樣性和永續發展為兩項重點。試討論生物多樣性對於人類永續發展的影響為何？物種的跨生態圈遷徙有自然產生的，也有因人類活動所造成的。試舉例說明人為因素的外來物種進入台灣對生態所造成的影響。棲息地破壞是傷害生物多樣性的主要原因，試舉例在台灣所發生的因棲息地破壞所導致的生態傷害。

二、從《聯合國氣候變化綱要公約》到《京都議定書》再到《巴黎協定》，國際社會對於保護地球生態的觀念最主要的轉變為何？

三、《巴黎協定》以抑制全球暖化為目標，希望能改變現在以化石燃料為主的碳經濟模式。試分析現階段化石能源和再生能源的優缺點。資源回收和節能減碳是現在全球普遍的共識。在國際環境保護行動中，對於是否將開發中國家以及貧困國家列入規範對象爭議已久，試說明已開發國家和開發中國家的兩造想法差異。創新科技與經濟發展不必然造成對環境生態的傷害，試舉例說明具備永續發展概念的科技或產業創新。

四、試說明你認為台灣能夠改進的部分。台灣為海島國家，同樣受到全球暖化的影響，試討論台灣的河川海洋受到全球暖化所帶來的影響。

五、試說明經濟全球化與環境全球化彼此之間的因果關係。

六、永續發展是國家政府所應正視的目標，也是個人日常生活所應
　　落實的行動。試舉例每天生活中，個人能對永續發展（例如能
　　源、水資源與回收等項目）以及保護生態所做的努力以及政府
　　所提供的協助與友善措施。試舉出幾個致力於人類永續發展的
　　非政府組織或是跨國集體行動。

10

Chapter 陳建甫

黯黑全球化：
反全球化運動與在地化抗爭

一　前言

在人類歷史上，有好幾次類似當今全球化跨地域的流動。商人、傳教士、探險家與戰士，這些「全球化者」透過各種方式去橫越地域與國界的阻礙，讓全球化的夢想一步步地被實現。[1]例如：蒙古人席捲亞洲與歐洲，不僅造成各民族的大遷移，也將東方科技文明帶往歐陸，此外，在大航海時期，歐洲科技文明被帶往美洲，也與東方的穆斯林、明朝、清朝的文明相碰撞，不過兩者在規模與影響範圍上，都比不上這波全球化的浪潮。

1989 年柏林圍牆倒下，東西德統一，不僅化解北大西洋公約組織與華沙公約組織的軍事對抗，也縮小歐洲政府傳統地緣政治的偏見與歧視。隨著歐盟（European Union, EU）[2]的逐漸壯大，2016 年有高達 28 個成員國，更讓世人看到政治全球化的曙光。拜經濟、資本與科技的創新與研發之賜，讓全球社會感受到這波全球化的新威力，也讓世界原本傳統、拒絕全球化的社會發生改變，像是在 2010 年北非與西亞地區就發生「阿拉伯之春」（Arab spring）革命的浪潮。

1　納揚・昌達（Nayan Chanda），《全球化的故事：商人、傳教士、探險家與戰士如何形塑今日世界》，劉波譯（新北市：八旗文化，2016）。

2　1993 年生效的《馬斯垂克條約》（也稱《歐洲聯盟條約》）所建立的政治經濟聯盟。歐盟的歷史可追溯至 1952 年建立的歐洲煤鋼共同體，當時只有 6 個成員國。1958 年又成立了歐洲經濟共同體和歐洲原子能共同體，1967 年統合在歐洲各共同體之下，1993 年又統合在歐洲聯盟之下，歐盟已經漸漸地從貿易實體轉變成經濟和政治聯盟。同時，歐洲經濟共同體和後來的歐盟在 1973 年至 2013 年期間進行了八次擴大，成員國從 6 個增至 28 個。資料來源：歐盟研究資源，淡江大學覺生紀念圖書館歐盟研究中心，檢索於 2016 年 7 月 10 日，http://eui.lib.tku.edu.tw/web1/url.php?class=101。

　　在這波全球化的浪潮下，新的科技與創意讓傳統的時間被壓縮，也透過實體的交通工具或無形的意識型態擴大了影響版圖。就像蝴蝶效應（butterfly effect）[3]，許多事件看似無關緊要，但到最後可能會導致無法預期的後果，例如 1997 年 7 月至 10 月亞洲金融風暴，由泰國開始，蔓延至鄰近亞洲國家的貨幣、股票市場和其他的資產價值，打破亞洲經濟急速發展的榮景。亞洲各國經濟遭受嚴重的打擊進入蕭條期，並造成社會動盪和政局不穩，就像滾雪球般的越滾越大，衝擊到俄羅斯和拉丁美洲。

　　不管是過去的關稅貿易協定（General Agreement on Tariffs and Trade, GATT）到現在的世界貿易組織（World Trade Organization, WTO），或已經有 28 個會員國的歐盟（EU），還是崛起中的區域經貿組織，例如：北美貿易經濟區（North American Free Trade Agreement, NAFTA）和亞太經濟合作論壇（Asia-Pacific Economic Cooperation, APEC），還是正在透過各種自由貿易協定談判中的太平洋貿易夥伴協定（Trans-Pacific Partnership, TPP）或區域全面經濟夥伴關係協定（Regional Comprehensive Economic Partnership, RCEP），這些經貿談判與政治上的結盟，讓全球各區域或各國主動地或被動地緊密的結合在一起，各國深怕如果不積極加入，就可能被這股全球化的浪潮給淹沒。

3　是指在一個動態系統中，初始條件下微小的變化能帶動整個系統長期巨大的連鎖反應，是一種混沌的現象。「蝴蝶效應」在混沌學中也常出現，2004 年上映的一部美國同名電影《蝴蝶效應》劇情，更將此效應廣泛宣導給世人。

　　但是，全球化真的有哪麼好？抑或者是某些既得利益的國家所建構的假象？真的給全球社會帶來幸福？或者又是另一種強者越強、弱者越弱，淪為被剝削、被宰制的困境？越來越多的證據告訴世人，全球化並沒有想像那麼好。各種反全球化運動逐漸地揭開這個「黯黑全球化」的面紗，凸顯在邁向全球化時，各國政府不願意面對的真相。

　　全球化（Globalization）是個相當模糊的概念，支持的人宣稱它可以創造繁榮與帶來無窮的財富，但是反對者則認為它將會帶來更多的不公平與災禍。事實上，全球化它涵蓋著一連串複雜的社會、經濟、政治與文化的變遷過程，並非單一的過程，而且這個過程以相互矛盾、彼此對立的方式正在運作。在 1999 年之前，西方主流媒體沒有「反全球化」（anti-globalization）這個字，直到 11 月底在西雅圖舉行 WTO 部長會議，會場外聚集四萬多名反全球化份子（anti-globalists）[4]進行抗議。媒體多半把這場抗議示威解讀為「反自由貿易」[5]，其實這些社會運動者是站在對抗或平衡全球化（counter-globalization）[6] 的立場，他們反對的是現行自由貿易所帶來的不公平。

　　2001 年 7 月在義大利熱那亞所舉行的 G8 高峰會議，會場內八大工業國家領袖正熱烈討論全球化能源限制與經濟合作的議題時，會場外也

4　2000 年 4 月，anti-globalists 才首次出現在《時代雜誌》（*Time Magazine*, 24 April 2000）。

5　Global Issues, 檢索於 2016 年 7 月 10 日，http://www.globalissues.org/article/46/wto-protests-in-seattle-1999。

6　這種對抗的觀點可以回溯到法國哲學家 Jacques Derrida 的在 Le Monde Diplomatique（法國世界外交論壇）中發表的 Enlightenment past and to come，檢索於 2016 年 7 月 10 日，http://mondediplo.com/2004/11/06derrida。

湧入反對全球化的十萬名示威群眾與團體，除了「紅色」激進的馬克斯擁護者、「黑色」保守或民族主義團體，更包含反汙染的「綠色」生態保育團體[7]，以及許多無政府組織、工會成員與和平團體等社運團體。因為在現行 WTO 制度下，只有已開發國家可以從 WTO 中受惠，開發中國家對於 WTO 議事方式越來越感到挫折[8]。諾貝爾經濟獎得主沈恩（Amartya Sen）在「抗議行動的矛盾與認識」[9]中，便很諷刺的指出「反全球化示威也是全球化的一部分」的弔詭[10]。

　　本章將整理歷年來反對全球化的社會運動，包括最負盛名的 1999 年西雅圖示威運動，以及早在 1988 年台灣農民就曾擔憂農業開放可能導致農民權利受損所發起的 520 農民運動。從 GATT 到 WTO，台灣政府積極與各國簽訂經貿條約，自由貿易或新自由主義的思潮，逐漸成為以外貿出口導向台灣的社會主流民意，但是，當一致推崇自由貿易時，在台灣內部與全球其他社會角落裡，卻經常出現各種對全球化的反撲。2016 年英國決定脫離歐盟，對於這個素以政治全球化典範自居的歐盟，無疑提出另一個震撼彈。此外，台灣民眾不太情願與中國簽訂海峽兩岸經濟合作架構協議（Economic Cooperation Framework Agreement, ECFA）與反對簽訂服貿協定，卻很弔詭地擁抱美國或日本所主導的

7　有關紅色、黑色、綠色的反全球化團體可參閱 Beck 的 *What is Globalization* 英文版（2000），或由孫治本所翻譯的《全球化危機》，1999，台灣商務。

8　部分抗議者認為，與其在 WTO 部長會議談判，還不如在聯合國貿易與發展會議（United Nations Conference on Trade And Development）上以更具包容性和更民主的場域去討論國際經貿事務。

9　詳見中國時報 2001 年 7 月 18 日，10 版，蕭羨一譯。

10　陳建甫，「全球化對我國社會發展政策的啟示」，《研考雙月刊》，225 期（2001 年 10 月），頁 31-42。

TPP，究竟在光鮮亮麗新自由主義的外衣裡，自由貿易隱藏多少秘密？最後，全球化是否能帶來真正的公平？反全球化運動要如何轉變來應付新型態的全球化貿易談判，將在最後一節加以討論。

二 反全球化運動

自 1948 年 GATT 成立以來，迄今共舉行八次回合談判，歷次多邊談判並多以關稅談判為主，直到第七次東京回合，因牽涉到農業議題較引起世人關注，但只有零星性、在地的、小規模的示威抗議。直到 1993 年 12 月 15 日 GATT 第八次烏拉圭回合談判達成最終協議，決定成立 WTO 後，經濟全球化才真正為世人所注意。隨後在 1995 年 1 月 1 日 WTO 正式成立，在瑞士日內瓦設置總部，其職責就是以有效管理及執行烏拉圭回合之各項決議。

1999 年 11 月 29 日至 12 月 3 日，在西雅圖召開的 WTO 第三屆部長級會議。會議期間，示威者運用各種抗爭與社會運動的策略，成功地讓會議停止。示威抗議的主要目標之一是針對跨國企業（multi-national corporations, MNCs），事實上，早在 1995 年 GATT 時期，反球化運動者便以跨國企業為主要的假想敵。[11]對大多數社會運動者來說，1999 年西雅圖反全球化抗議運動是一轉捩點，不僅改變過去主流媒體支持全球

---

11 Robert Pigott, *WTO tarnished by Seattle failure*, BBC NEWS, accessed July 10, 2016, http://news.bbc.co.uk/2/hi/special_report/1999/11/99/battle_for_free_trade/549794.stm.

化與自由貿易體制，也透過這場數萬示威者運動，世人開始辯論全球化的利弊，[12] 也開始關注人權、社會與環境正義、民主參與等議題。

反全球化的聲音、規模和力量，也隨著全球經貿談判與高峰會議，[13] 不斷地壯大。其中又以 WTO 每隔兩年舉辦的部長會議最引起各界關注。不管是 2001 年在卡達杜哈所舉辦 WTO 第四屆部長會議，後來發布杜哈發展議程（Doha Development Agenda）；2003 年在墨西哥坎昆舉行的第五屆部長會議，因各方在農業改革及出口補貼等問題上仍嚴重分歧，結果未能達成任何實質協議或進展；2005 年 12 月在香港舉行第六屆 WTO 部長會議，在韓國農民團體抗議聲中，勉強通過農業出口補貼需要在 2013 年完全取消、棉花出口補貼 2006 年取消的決議；[14]2008 與 2010 年都在瑞士日內瓦舉行；以及 2013 年在印尼峇厘島舉行第九屆部長會議，正式通過「峇里部長宣言」（Bali Ministerial Declaration），通過包括「峇里套案」（Bali package）達成貿易便捷化協定（Agreement on Trade Facilitation），這是自 1995 年以來 WTO 首次通過的多邊貿易協定。[15]

---

12 *Real battle for Seattle*, accessed July 10, 2016, https://www.theguardian.com/world/1999/dec/05/wto.globali-sation.

13 G8 峰會也是反全球化運動抗議的焦點，例如 2005 年在英國舉辦的高峰會與 2007 年在德國舉辦高峰會的場外都聚集反全球化運動者的抗議。

14 宣言列明，已開發國家將於 2013 年取消所有補貼，當中棉花補貼將於 2006 年率先取消，各國亦就服務業開放問題定下時間表，亦協議在 2008 年為低度開發國家 97% 商品提供免關稅及免配額等優惠；並協議將多哈回合貿易談判的談判限期定於 2006 年 4 月 30 日。

15 歷屆部長會議，中華經濟研究院 WTO 與 RTA 中心，檢索於 2016 年 7 月 10 日，http://web.wtocenter.org.tw/Node.aspx?id=243。

反全球化運動是對全球化思想、政策、做法和行為的一種質疑。它可能是一種反對自由貿易或反對 WTO 的運動，或指某一種思潮，有時也可以是一種情緒，從多個層面表達全球社會人們對當今國際社會的種種不滿。[16]甚至連《悲慘世界》電影裡中的歌曲「你聽到群眾的歌聲嗎？他們唱著忿怒群眾的歌。這是人民的歌聲，他們不再甘心為奴（Do you hear the people sing? Singing the song of angry men? It is the music of the people who will not be slaves again!）[17]都成為激勵反全球化思潮的戰歌。

值得關注的是年輕世代醞釀出被時代拋棄的憤怒。年輕世代自認不比上一代差，但努力唸書不能保證會帶來光明前途，勤奮已經不再能夠成功。上一世代只有中學或專科的學歷，奮鬥幾年已經可以成家立業，養兒育女，進入中產階級。但現在年輕人竭盡所能進入大學甚至研究所，畢業後卻覺得美滿生活與燦爛前程似乎已是渺茫的奢望。[18]於是憤怒的青年不願意再當奴隸，他們渴望政府要先解決分配不均，於是反全球化思潮特別容易在年輕世代裡醞釀與蔓延。

反全球化的這些人或組織，並不是反對全球化本身，而是反對全球化中出現的種種弊端；他們反對資本主義的全球化，與其他可能帶有全

16　反全球化運動也可被稱為反資本主義運動、反跨國公司運動、反體系運動等。反全球化只是一種總體的、抽象的稱呼，它與反新自由主義、反貿易自由化、反美國化、反霸權主義等意涵相似。

17　是法國大文豪雨果小說的同名改編音樂劇《悲慘世界》中的一首著名歌曲，樂曲背景為 1832 年法國爆發意圖推翻七月王朝的六月暴動，曲風激昂悲壯，被視為反極權革命的代表歌曲之一。

18　葉家興，「院長，你沒有聽到年輕世代的憤怒」，《天下雜誌》，獨立評論@天下，2016 年 6 月 23 日，檢索於 2016 年 7 月 10 日，http://opinion.cw.com.tw/blog/profile/61/article/4439。

球化傾向的某事物。[19]反全球化運動通常會與各類型的社會運動結盟，雖然可以在短期地匯集各抗議團體的力量，但也容易讓反全球化主題失去焦點，因此，有些運動者反對將「反全球化運動」的標籤，貼到任何涉及全球化議題的社會運動和抗議行動上。

許多社會運動並不是反全球化運動，實際上只是一項綜合性的全球化運動（comprehensive globalization movement）[20]，Jackie Smith 批判這不僅轉移了公眾對示威者在公共議程上提出之批評資訊的注意力，也為全球資本主義意識型態提供了方便辯解之門。[21]因此，社會運動者會加上「反全球資本主義」或「反新自由主義全球化」等標題來凸顯此運動的訴求。[22]不過，本節仍然以反全球化運動來涵蓋所有的社會運動，包括逐漸成為主流論述的反對新自由主義和全球資本主義，因為這些運動都標榜以追求社會和經濟公義為主題的抗議運動。

Held 和 McGrew 將反全球化運動分為三種類型，包括：全面轉換型（global transformers），國家主義／貿易保護型（statists/protectionists）和激進型（radicals）。[23]Amory Starr 在 *Naming the Ene-*

19　反全球化（anti-globalization）的主要表現，請參考 MBA 智庫百科，檢索於 2016 年 7 月 10 日，http://wiki.mbalib.com/zh-tw/%E5%8F%8D%E5%85%A8%E7%90%83%E5%8C%96。

20　許多團體雖然加入反全球化運動，但都認同要以經濟整合為優先，加入運動是為了解決全球化政策中的制度矛盾，而不是反對全球化的各項條件，例如：部分的環境保護、人權與勞工團體。

21　Jackie Smith, Behind the Anti-Globalization Label, Dissent, Fall 2001, pp. 14-18, accessed July, 10, 2016, https://www.dissentmagazine.org/article/behind-the-anti-globalization-label.

22　Clark, John, *Worlds Apart: Civil Society and the Battle for Ethical Globalization* (Bloomfield, CT: Kumarian Press, 2003).

23　Held, D. and McGrew, A, *The New Politics of Globalization: Mapping Ideals and Theories. Globalization/Anti-Globalization* (Cambridge: Polity Press, 2002).

my: Anti-Corporate Social Movements Confront Globalization 書中，把反全球化社會運動者分為三類，包括：「爭論與改革」（contestation and reform）、「自下而上全球化」（globalization from below）和「脫鉤」（delinking）。[24]

在不同階段，反全球化運動組織會依照其功能扮演不同的角色，例如：對抗型（confronters）與對談型（engagers）的組織。對抗型的團體對多邊合作採取對抗的方法，堅持只有利潤減少的威脅才會讓跨國大企業改善條件。他們拒絕任何合作，甚或要求廢除現行經濟制度，例如：Global Exchange（www.globalexchange.org）就致力與改善人權相關議題組織和動員的角色，提供各種活動資訊。至於對談型的團體就會站在改革國際金融制度團體的一方，參與由不同議題相關代表組成的活動（multi-stakeholder initiatives），例如：世界野生動物保護基金會（World Wildlife Fund, WWF）。[25]

Mike Moore 這位前 WTO 總幹事指出，除了基本支持和推動當前全球化模式的支持者外，對全球化持批判態度並企圖改變的民間團體，可以分成三種類型（表 1）。

---

24 Starr, Amory, *Naming the Enemy: Anti-corporate Movements Confront Globalization* (Australia: Pluto Press, 2000).

25 Elliott, Kimberly Ann, Debayani Kar and J. David Richardson, 2002, Assessing Globalization's Critics: "Talkers are No Good Doers???", Institute for International Economics Working Paper No. 02-5. Accessed July 10, 2016, https://piie.com/publications/wp/02-5.pdf，參考香港中文大學社會學系，「第六課反全球化運動面面觀」，檢索於 2016 年 7 月 10 日，http://www.cuhk.edu.hk/hkiaps/pprc/LS/globalization/6_c.htm。

- 反對型：包括政治光譜中的左翼和右翼人士，兩者都對全球聯繫和國際制度持敵對態度，特別是當察覺被美國、西方或國外商業利益所驅使時，更是如此。東亞開發中國家屬於右翼，傾向於國家主義和貿易保護的立場，力圖保持國家主權。他們主張全球化不應超越一個國家的權威。而左翼團體，如馬克思主義者（Marxist）則反對全球資本擴張。他們認為全球化之所以錯誤不是因為它侵犯了國家主權，而是因為它代表一種更高級形式的剝削。

- 改革型：強調有必要加強和改善全球監管安排，如聯合國。改革主義者認為應採取新的模式來管理和執行國際協議與國際法，包括改善保衛和平、製造和平的能力等。因此，其目標是要使全球化「文明化」，進入更人性、更平等的進程。在改革主義者陣營中，更激進的立場是採取完全不同的「自下而上全球化」，這種模式下，公司將被改造，服務於人民化、參與化、公正化的新國際民主結構。

- 其他團體則倡議地區和社區與全球經濟脫鉤，重新建造小規模社會，在這個社會中大企業根本沒有任何作用。這種模式較不為世人熟悉，但卻獲得不同陣營的支持，包括無政府主義者、保衛小企業運動，原住居民運動和可持續發展運動等。[26]

26　同上註。

表1　Mike Moore 對民間團體分類及其對全球化的立場

	參與者類型	對全球化的立場	對基因科學的立場	對全球金融體制的立場	對人道主義的立場
支持型	跨國企業及其同盟	贊成全球資本主義，支持全球法則的擴張	贊成大企業開發基因科學，沒有必要限制	贊成放鬆管制、實行自由貿易和自由資本流動。	贊成為人權而展開的「正義戰爭」
反對型	反資本主義社會運動，獨裁政府，民族主義者及原教旨主義運動	對全球資本主義持左翼反對，左右翼都想保持國家主權	認為基因科學是「錯誤」和「危險」的，應取消	贊成保護國內市場，對資本流動進行控制；激進反對者希望打倒資本主義	反對所有形式的武力和對他國干涉，認為干涉是帝國主義或「與我們無關」
改革型	大多數 IGO（政府間組織），國際機構；各種社會運動和網絡	欲使全球化「文明化」	不反對此種技術，但要求有相關的標籤資訊並讓公眾參與風險評估，分享利益	希望社會更公正、更穩定；贊成對國際經濟制度的改革，支持特殊提議，如減輕債務或托賓稅	贊同民間團體干涉，讓國際維和部隊來執行人權
其他	基層團體，社會運動，下層網絡	想退出全球化	想按自己的方式生活，反對傳統的農業並尋求與轉基因食品劃清界限	追求反公司的生活方式，展開各種形式的抗議，試圖另建本地經濟	贊成民間團體干涉衝突，但反對使用武力

資料來源：Moore, Mike, 2003, *A World Without Walls: Freedom, Development, Free Trade and Global Governance* (Cambridge: Cambridge University Press, 2003): 192 參考自香港中文大學社會學系，「第六課反全球化運動面面觀」，檢索於 2016 年 7 月 10 日，http://www.cuhk.edu.hk/hkiaps/pprc/LS/globalization/6_c.htm。

三　反全球化案例：英國脫歐派（Brexit）的反撲

　　歐盟是地緣經濟與政治聯盟所建構的區域組織，也是當今經濟全球化的最佳範例。它是最早進行經濟整合的地區，國家透過簽訂經貿談判，降低關稅，並經由貨幣的統一，讓這些歷經兩次世界大戰的歐洲國能夠放棄歷史的衝突與歧見，為區域經濟的發展共同發展。歐盟就像一個經濟全球化的烏托邦，讓全球各地區國家或經濟體紛紛仿效。

　　但在 2000 年之後，歐盟面對極嚴苛的挑戰，除了 2008 年的金融危機重創冰島，讓冰島政府宣布破產。葡萄牙（Portugal）、義大利（Italy）、愛爾蘭（Ireland）、希臘（Greece）、西班牙（Spain）等國家，[27]因政府赤字和負債水平不斷上升，過去所發行的公債先後被降低評級，衝擊金融市場與主權債券市場，隨後引發歐洲主權債務危機，特別是希臘因國債大增，急需以德國為首的歐盟國家給予紓困。

　　2016 年又發生英國舉辦脫歐公投，脫歐派（Brexit）勝出，英國國民決定脫離歐盟。英國脫離歐盟的影響，遠遠超過挪威沒有加入歐盟，[28]同樣也影響到英國日後對歐盟的經貿關係。甚至荷蘭、丹麥、瑞

27　被戲稱歐豬（PIGS）五國，這個名詞最早出現在 Von Reppert-Bismarck, Juliane, Why Pigs Can't Fly, *Newsweek*, July 7–14, 2008.

28　挪威是歐盟第四重要的貿易夥伴，在 2008 年挪威與歐盟的貿易總額高達 9185 萬歐元，主要是能源供應（僅 14.1% 用於工業產出），歐盟對挪威的報告指出約 4,358 萬歐元，是用於工業產出的。從 2003 年 9 月起到 2014 年 8 月，挪威已舉辦 37 次公投與聖迪歐公司（Sentio）所進行的民意調查，挪威民眾仍堅持不加入歐盟。詳見 European Commission: Trade - Norway ec.europa.eu.

典等國家都被預測是第二波「可能脫歐」的國家。這些財政紓困與脫歐問題，都讓這個目前由 28 個國家所組成的歐盟，面臨前所未有的挑戰，不禁讓世人懷疑：「歐盟還會存在？」

戰後歐陸各國積極推展經濟統合，在 1951 年成立歐洲煤鋼共合體（European Coal and Steel Community）時，英國便冷眼旁觀。隨後也拒絕加入 1957 年的歐洲經濟共同體（European Economic Community, EEC）。英國深信，歐洲大陸為動亂的根源，不宜介入歐洲事務太深。英國在 1975 年加入歐盟後，曾舉行公投來確定民眾是否願意留在當時已經是歐洲共同體（European Communities, EC）的歐盟。1975 年的留歐公投投票率為 64.62%，67.23% 的英國公民投下「YES!!」，[29]主要是因英國公民看到歐洲共同市場（common market）的經濟利益。

2015 年英國人口數約 6,300 萬，僅次於法國約 6,500 萬、德國約 8,200 萬。依照口比例原則，英國在歐洲議會（European Parliament）有 73 席，也僅次於法國 74 席，德國 96 席。在歐盟理事會（Council of the European Union）或稱部長理事會，雖然透過加權計票決策，英國與法國、德國享有最高票，但是，英國在歐盟始終只能扮演老三的角色。

歐盟成員國必須遵守《歐洲共體法案》，當國內法律與歐盟法牴觸時，則可能因而喪失權力。事實上，英國有些法律是違反《歐洲人權暨

---

29 1975 年公投的命題是 Do you think the United Kingdom should stay in the European Community (the Common Market)?

自由公約》（European Convention on Human Rights and Fundamental Freedoms）的規範，例如，英國法律允許國防部無償解雇服軍役的懷孕婦女。因此英國國會對歐盟的相關法律與規範相當不服氣。

在 1992 年後，歐盟為了加速與前共產國家的融合，開始訂立成員國對勞工政策、社會福利的規定，強化組織架構。隨著歐盟管轄範疇擴大，變得越來越複雜，從技術專家治國（technocracy）到歐盟官僚主義（bureaucracy），逐漸形成一種超越國家之上的權利（supranational power），最明顯的案例是多到讓人無法適從的歐盟規範，[30]讓英國政府或企業需要完全遵守歐盟法案頗表不滿。

2015 年英國大選後，贏得選舉的保守黨卡麥倫（David Cameron）首相，依選舉承諾在 2016 年推動脫歐公投（Brexit vote），希望能夠重新找回英國與歐盟關係衝突的停損點，但是這個如意算盤卻遭受嚴重的質疑（表 2），因為近十年來歐盟遭受空前的危機，包括：2009 年底歐債危機、2015 年希臘退歐元區公投、難民危機、2015 年及 2016 年巴黎連環恐攻、比利時恐攻等等，雖然英國遠離歐洲中心，但是也常遭受牽連，除了要服膺德國為首的歐債重建計畫提供金援外，還要接受難民配額，更要擔心可能成為恐攻的對象。

30　脫歐派曾經批評歐盟相關法規太過繁雜，光是對枕頭（pillow）的規定就曾出現在 109 項相關法規，但是留歐派則提出反證，真正有關睡覺用的枕頭，只有 5 項規定。請參考 Last Week Tonight with John Oliver: Brexit (HBO)，檢索於 2016 年 7 月 10 日，https://www.youtube.com/watch?v=iAgKHSNqxa8。

表 2　留歐派與脫歐派的不同論述

	留歐派	脫歐派
貿易	英國可以享免稅等優惠，留歐可以談到更好的條件，且繼續受惠於歐盟的規模	英國可以用新的身分與歐盟重談條件，不一定要留在歐盟，反而受限於歐盟法規
歐盟預算	英國每戶家庭每年庭平均給歐盟 340 英鎊，但享受優惠達 3,000 英磅	英國不用再每週付給歐盟 3.5 億英鎊，這筆錢可用在英格蘭所有學校的支出，也可以作為科學研究
法令規章	英國可以談到更好的條件	離開歐盟可以讓就業或安全衛生等領域回歸由英國自己掌控
移民	離開歐盟不一定移民就會變少，何況移民為英國賺的錢高於英國付出的成本	離開歐盟後英國就未必要接受來自歐盟的移民
影響力	國際峰會場合上，英國除外相另還有一位歐盟代表	英國在歐盟沒有什麼影響力，脫歐後可拿回國際組織的席位，在自由貿易和合作案的談判中將有更大的影響力

資料來源：「英國脫歐公投會有什麼影響？」，聯合財經網，檢索於 2016 年 7 月 10 日，http://money.udn.com/money/story/8853/1779061。

　　2016 年 6 月 24 日，英國的歐盟公投結果揭曉，51.9% 的英國公民主張脫離歐盟陣營，英國將退出歐盟。究竟脫歐派如何贏得勝利？其原因可歸納以下五點，首先是恐懼牌失效：主張英國留歐的陣營不斷發出，若英國脫歐後會對經濟帶來的負面影響的警告，但很顯然引起反

彈。英國公眾受夠了「脫歐後將會更窮」的警告，或許也是不信任這些留歐派政客的言論，英國民眾相信脫歐需要付出代價是值得的。

其次是脫歐陣營的國家醫療健康服務（National Health Service, NHS）牌奏效，脫歐派在公車上設計 NHS 的廣告，宣稱一旦英國脫離歐盟，英國每週可以拿回 3 億 5,000 萬英鎊的額外資金，儘管被留歐派人士強烈批判是一種謊言，但是，許多英國人相信與其將這筆錢交給歐盟，還不如花在國民的醫療健康服務上[31]。

第三個原因是移民問題，英國民眾關心移民問題，因為這關係著民族及文化認同感，特別是一些低收入的英國選民選擇離開歐盟，來限制大批移民的湧入。脫歐派爭辯留在歐盟，英國將無法控制自己的邊境，且近期歐洲爆發的難民危機，也有助於脫歐陣營。

第四個原因是資深公民的踴躍投票，特別是來自英格蘭南部、西南、中部以及東北地區的高齡選民，這些資深公民對歐盟並沒有多大情感，較關心英國本身社會福利與預算赤字，多數會選擇脫離歐盟。根據 2015 年選舉經驗，65 歲以上的選民投票率達到 78%，而 18 至 24 歲年齡層的投票率僅只有 43%。[32]

---

31 NHS 是英國的醫療制度，屬於公醫制度，包含:國民保健署（英格蘭），北愛爾蘭保健及社會服務署（HSCNI），NHS（蘇格蘭）及 NHS（威爾斯）等四大公型醫療系統的統稱。NHS 的經費主要來自全國中央稅收，用以向公眾提供一系列的醫療保健服務。與台灣健保最大的不同點是由國家支持，人民享受免費的診療或急救，但藥錢需要自掏腰包。

32 即使公投後許多年輕世代抱怨不能讓資深世代決定未來，但是年輕世代的確比較不關心公投，是此次留歐派敗北的主因。

　　第五個原因是政治人物的因素，保守黨陷入分裂，不再信任卡麥隆，前倫敦市長鮑里斯與司法部長戈夫皆主張脫離歐盟，工黨的支持者，也不再支持工黨議員留在歐盟的論述，這些因素都讓留歐派無法贏得公投。

　　1975 年英國舉辦留歐公投，最後為了共同市場的經濟利益，英國人選擇加入歐盟。2016 年英國舉辦脫歐公投，有一半的英國人改變了主意，對歐洲前景感到懷疑，甚至產生敵意。依照歐盟所制定的脫歐行程，英國將有兩年的時間與歐盟各國商談日後脫歐後各項經貿談判與相關事宜。未來英國若採行挪威模式（即加入共同市場而非歐盟），仍然需要繳納高額歐盟規費，約是英國現狀的 94%，並且不擁有任何政策發言權；至於若仿效瑞士模式（即完全脫離歐盟），需要大費周章的與歐盟重新簽訂各式各樣的雙邊條約。[33]

　　這次脫歐公投的結果，除了影響英國的政治和經濟未來外，也是一種國族立場的表白，為這個大英國協，是否還會在團結在一起投下變數。蘇格蘭在脫歐公投中，有 1,661,191（62%）的蘇格蘭公民選擇留在歐盟，明確表達留在歐盟的意願，不像人口眾多的英格蘭傾向脫離歐盟。蘇格蘭首席部長尼古拉・斯特金（Nicola Sturgeon），[34]在脫歐公

33　蔡昀臻，「一段由愛與恨交織的故事──英國脫歐（Brexit）與英歐關係」，《天下雜誌》，2016 年 6 月 23 日，檢索於 2016 年 7 月 10 日，http://www.cw.com.tw/article/article.action?id=5077050。

34　Graeme Archer, Nicola Sturgeon – the most dangerous woman in politics, Don't fall for the SNP leader's charm – she only cares about destroying the Union, The Telegraph, April, 2, 2015, accessed July, 10, 2016, http://www.telegraph.co.uk/news/politics/SNP/11509628/Nicola-Sturgeon-the-most-dangerous-woman-in-politics.html.

投後的蘇格蘭議會上，以聽到民眾的聲音為訴求，考慮脫離大英國協，讓蘇格蘭繼續留在歐盟，並不排除未來將舉辦獨立公投，[35]無疑是為過去以英格蘭為主體的大英國協投下一枚震撼彈。

四　自由貿易的兩難：厭惡 ECFA 卻擁抱 TPP

2000 年 4 月，聯合國前秘書長科菲・阿塔・安南（Kofi Atta Anna）在《千禧年報告》（Millennium Report）裡談到全球化的議題，也提到反全球化的現象。安南認為：「很少有人、團體或政府反對全球化本身。他們反對的是全球化的懸殊差異。首先全球化的好處和機會仍然高度集中於少數國家，在這些國家內的分布也不平衡。第二，最近幾十年出現了一種不平衡現象：成功地制定了促進全球市場擴展的有力規則並予以良好實施，而對同樣正確的社會目標，無論是勞工標準，還是環境、人權或者減少貧窮的支持卻落在後面。……人們日益焦慮的是，文化完整性和國家主權可能處於危險之中。甚至在最強大的國家，人們不知道誰是主宰，為自己的工作而擔憂，並擔心他們的呼聲會被全球化

35　被英國電報社（the Telegraph）形容是大英國協裡，最危險的女政治家（the most dangerous woman in politics），是蘇格蘭國家黨（Scottis Naitional Pairtie, SNP）的領袖，SNP 致力於蘇格蘭獨立運動，2014 年 9 月蘇格蘭獨立公投失敗後，在 2015 年 5 月英國下議院大選中，SNP 首次取得蘇格蘭選區 50% 多數選票，由 2010 年大選的 6 席猛增至 56 席，在 59 個蘇格蘭席次中成為大贏家，成為英國下議院第三大政黨。

的聲浪淹沒。」[36]

安南在《千禧年報告》解釋反全球化的現象，但似乎忽略全球化帶來的不僅是一個「全球化的利益」分配問題而已，更關鍵的問題是「這是誰的全球化」（whose globalization）。[37]反全球化運動者認為，全球化只是資本家聯盟與被剝削者聯盟的世襲關係。有錢的資本主義國家假借著新自由主義的外衣，持續的剝削發展中的國家，讓這些被剝削的國家經濟無法發展，必須長期依賴這種被剝削的經濟關係，其中又透過區域或雙邊的自由貿易協定，更加深了這種不公平的貿易關係。

自由貿易以新自由主義（neoliberalism）為其核心價值，強調自由市場機制，反對國家對國內經濟的干預、對商業行為和財產權的管制。美國前總統隆納・雷根和共和黨，英國前首相柴契爾夫人和保守黨，常被視為新自由主義的擁護者。1970 年代，美英兩國的國家政策轉向自由放任，同時也運用布雷頓森林協定（Bretton Woods system）[38]向全世界其他國家施加他們的自由貿易政策。

---

36 安南在 2000 年 4 月以"我們人民：二十一世紀聯合國的作用（We The Peoples: The Role of the United Nations in the 21st Century）為題，發表了千禧年報告（Millennium Report）或中國翻譯千年報告，檢索於 2016 年 7 月 10 日，http://www.un.org/en/events/pastevents/pdfs/We_The_Peoples.pdf。籲請會員國全心投入一項行動計畫，以消除貧窮和不平等現象、改善教育、減少愛滋病毒／愛滋病、保護環境和保護各國人民免受致命衝突與暴亂。該報告後來成為 2000 年 9 月在聯合國總部舉行的千年首腦會議上國家元首和政府首腦通過的《千年宣言》的基礎。詳見安南，《我們：聯合國人民》，（聯合國：中文版，2000 年 4 月 3 日）。

37 龐中英，「"反全球化"：另一種全球化──對"反全球化"現象的調查與思考」，很可惜過了十多年，全球化的擁護者仍然無法回答這個問題的答案。檢索於 2016 年 7 月 10 日，http://www.people.com.cn/BIG5/jinji/31/181/20010111/376512.html。

38 是 1944 年 7 月至 1973 年間世界上大部分國家加入以美元作為國際貨幣中心的貨幣體系。對各國就貨幣的兌換、國際收支的調節、國際儲備資產的構成等問題確定規則、採取措施及相應的組織機構。

　　新自由主義論者強調可以利用經濟、外交壓力或是軍事介入等手段來擴展國際市場，達成自由貿易和國際性分工的目的。透過國際組織與條約（如世界貿易組織和世界銀行）對它國施加多邊的政治壓力。自由主義支持私有化，反對社會主義、貿易保護主義、環境保護主義，因為這會妨礙民主制度，[39]為了增進公司效率，新自由主義反對最低工資、勞工集體談判權等政策。

　　在各種反全球化抗議運動裡，反對新自由主義已經成為主流的論述之一。西方社會或消費者開始注意到，跨國企業在開發中國家各種破壞環境與違反勞工人權的案例，但是，為了讓本國企業有競爭力，或滿足國內消費者享受低價產品，即使有法律規定，但通常對這類跨國公司或尋求低廉成本代工廠商的惡行通常故意不理會。因此，在經濟全球化中，西方消費者通常可以用低廉的價格購買產品，而不顧生產國的生態環境可能遭受汙染、勞工的健康可能受損，或根本就是壓低工資搶標的血汗工廠的製品。

　　以外貿出口為經濟支柱的台灣，從政府到企業一直信奉新自由主義的精神，希望透過國際貿易組織（從之前的 GATT 到後來的 WTO），或者簽訂自由貿易協定（FTA），希望能為台灣再次創造經濟的奇蹟。除了少數企業願意投入 R&D 研發資本來提升競爭力外，多數外貿出口導向的企業只能依賴減免關稅，或從成本降低（cost down）來增加競

39　在美國，新自由主義一詞通常也與自由貿易和社會福利改革等立場相連結，但並沒反對凱因斯主義或環境保護主義，也支持收入再分配。

爭力。

當國內的勞動成本過高時，就選擇低勞動力成本的國家或地區來持續企業的經營。例如：1990 年代剛改革開放的中國東南沿海地區，就提供第一波以外貿出口為導向台商企業重要的生產基地，隨後第二波的電子資訊產業也陸續登陸，才奠定中國成為世界工廠的基礎。[40]

一旦面臨到外銷出口國有可能提高關稅時，外貿企業就會遊說政府積極與外銷出口國簽訂自由貿易協定來降低外銷關稅，甚至不惜以開放國內市場作為簽訂自由貿易的代價。1988 年 5 月 20 日，台灣南部農民到台北市請願，主要是因憂慮農業開放可能導致農民權利受損，而引爆激烈的警民衝突事件。2008 年 4 月，韓國李明博就任後的兩個月即宣布解禁美牛，引起百萬人走上街頭抗議。儘管人民激烈抗爭，從反美牛變成要求李明博下台，但韓國政府仍執意推動進口美牛政策與隨後的美韓 FTA。因為簽訂 FTA 不僅可加速南韓對美國的外貿出口，也牽涉到朝鮮半島、東北亞的安全，以及美韓同盟的關係。

2008 年馬英九總統就任後積極改善兩岸關係，任內 8 年先後與中國簽訂 23 項協議，其中又以 2010 年 6 月 29 日簽訂海峽兩岸經濟合作架構協議（ECFA）最令世人所矚目。馬政府大力宣傳 ECFA 的簽訂，預期將大幅促進台灣經貿成長、提升產品競爭力，並增加外來投資和國

40　陳建甫，「兩岸關係未來想像：要維持現況戶或邁向想像共同體」，在《以管窺龍：另類的中國想像》（台北市：翰蘆出版社，2016），頁 129-154。

內就業。北京政府更放出「讓利」說，指出 ECFA 早收清單中，對台開放降稅商品包括石化、機械、紡織、汽車零組件等達 539 項，遠高於台灣對中國大陸降稅的 267 項，有助於台灣對中國貿易順差的成長。

表面上看來，台灣對大陸 ECFA 早收清單項目，出口總值大幅上升了 35%，遠高於整體台灣對陸出口 6.3% 的成長率。顯示有了 ECFA「加持」，對台灣產品外銷大陸的確有所助益，但銷量提升，絕不等於產品競爭力提升。在大陸對台降稅的 539 項產品中，台灣產品的市占率，在近幾年正持續下滑，直到去年底才略為攀升。反觀台灣對大陸開放的 267 項產品，雖然台灣從大陸進口總額三年來成長 25.8%，低於台灣對陸出口成長率。但大陸產品在台市占率卻從 ECFA 生效前的 24%，躍升至目前的 30%。[41]

馬政府期待中國大陸在 ECFA 的「讓利」，並沒有帶動降稅的效益，也沒有如預期成為「救出口」、「救經濟」的萬靈丹。根據主計處統計，過去七年台灣平均經濟成長率大約 3.08%，平均失業率 4.56%，消費者物價指數年增率平均約 1.28%，但實質薪資不僅不及 7 年前的水準，甚至倒退 15 年。

為何台灣的經濟有成長，但實質薪資卻倒退？這是與「台灣接單、海外生產」企業營運模式有關。經濟成長數字亮眼，但兩岸的經濟紅利

---

[41] 張翔一，「ECFA 早收，三年成績大解密」，《天下雜誌》，2014 年 4 月 30 日，檢索於 2016 年 7 月 10 日，http://topic.cw.com.tw/freeTrade/pg3.aspx。

並非由全民共享，反而是讓遊走兩岸的企業或特許權貴人士所賺走，台灣人民卻無緣得利，享受不到經濟成長的果實。貧富差距日益擴大，加深了民眾的不滿，一般人單靠薪水根本買不起房子。台灣稅制傾向財團和富人，不但有欠公平，更導致稅基遭到侵蝕，稅收減少，政府也只能靠舉債度過難關。[42]

2016 年，財政部公布 6 月出口值 228.9 億美元，年減 2.1%，出口連 17 黑，改寫金融海嘯以來最長衰退紀錄，但衰退幅度縮減為 2015 年 2 月以來最小幅度。財政部官員樂觀預期最快第 3 季迎來曙光，出口轉正成長。但有學者認為，扣除匯率及單一貨品因素，全球景氣沒有太大的驅動力，我國出口表現仍乏善可陳，體質尚未轉型，依然是「成也 ICT、敗也 ICT」的狀況，尤其過度依賴 Apple，不能太過樂觀看待。[43]

台灣政府一直很想透過加入 RCEP 或 TPP 等區域經濟組織，來解決目前出口持續衰退的困境。主要是因為 RCEP 是由東協國家主導，有 16 個會員國，占全球 GDP 29%，占全球總人口 49%；但是因為尚未與中國簽完服貿協議，讓台灣與東南亞各國雙邊貿易協議就因此被延宕。中國表面不反對台灣加入區域經濟合作組織，但實質上卻需要經過中國同意後，台灣才有機會加入，例如 2015 年中國成立亞洲基礎建設投資

---

42 陳建甫，「導論」，在《以管窺龍：另類的中國想像》（台北市：翰蘆出版社，2016），頁 11-28。

43 中央大學經濟系教授邱俊榮說，目前匯率環境短期多少對出口有利，本土 ICT 產業具優勢，應思考將 ICT 更廣泛應用到其他領域，如近期興起的車用電子，或是新政府提出的智慧機械，透過完整的軟硬體服務，改善出口結構，擺脫過度依賴單一產品的因素。詳見「出口連 17 黑口金融海嘯以來，最長衰退紀錄」，中國時報，2016 年 7 月 9 日，檢索於 2016 年 7 月 10 日，http://www.chinatimes.com/newspapers/20160709000274-260110。

銀行（AIIB）號召各國擔任發起國，台灣想要加入擔任亞投行的發起國，卻被中國婉拒。

2016 年民進黨新政府也計畫參與由美國推動的 TPP，該組織有 12 個會員國，占全球 GDP 38%，占全球總人口 11%，屬於較高層級的服務貿易協議。美國推動 TPP 主要任務不是要協助其他國家加速貿易，而是要鬆綁不利跨國企業擴展的法。在TPP 文本當中有許多但書，主要是圖利有政治影響力的大企業，有保留對農業的補貼，但也限制了環境法規對企業的約束力。TPP 的涵蓋面較大，占全球 GDP 的 38%，但只占台灣總貿易額和出口額 30% 左右，而 RCEP 占台灣總貿易額和出口額比率都高達 50% 以上。如果台灣能加入兩個區域經濟合作組織，就能占總出口量的84%。

史迪格里茲（Joseph E. Stiglitz）這位諾貝爾經濟學獎得主，曾批判 TPP 對美國和全球的貿易沒有明顯益處。唯一得利者是跨國企業，例如不喜歡環境法規的石油公司、痛恨健康法規的菸草公司。TPP 生效後，汙染或戕害健康的公司如果因法規而獲利受損，甚至可以要求政府需要以納稅人的錢來賠償。

歐洲議會也表達不能接受 TPP 的投資協定，也就是 TTIP（跨大西洋貿易與投資夥伴協議），因為這項協議試圖改變歐洲的規則，在歐洲已有百萬人上街遊行反對。TPP 是為美國大企業量身打造，既不透明更不民主，TPP 生效後，政府如果讓企業損失獲利，企業可以控告政府。

今年初，加拿大石油公司就因為歐巴馬否決輸油管計畫，打算控告美國政府，求償 150 億美元。在 TPP 之下，類似訴訟案會更容易成立。

為何美國政府這麼支持 TPP？史迪格里茲認為只是因為美國要制定 21 世紀的貿易規則，他直言唯一得利者是跨國企業，協議既不透明更不民主，有政府撐腰，企業可以無視法規，不顧人民聲音與憤怒。2016 年美國選舉候選人，包括克魯茲、川普、桑德斯都反對 TPP，甚至連擔任過國務卿，曾大力鼓吹 TPP 的希拉蕊都改變態度，因為清楚聽見選民的聲音後，不再提起 TPP。[44]2017 年新上任的美國總統川普，更在上任首日即以行政命令方式，宣布美國退出 TPP。

2000 年，湯瑪斯・佛里曼（Thomas L. Friedman）在《了解全球化》書中指出，全球化讓一個國家的經濟開始與全球經濟連結。國家就像企業般具有某項特質，全球化在某種程度上就是把這個國家給上市。他大聲呼籲應買進台灣，持有義大利，賣掉法國。因為台灣在電腦連結程、速度、採收並累積知識、分量、開放的勇氣、交遊廣闊、管理階層、商標等指標上，都展現台灣的經濟實力和發展潛力。

但是，經過陳水扁、馬英九兩位各兩屆總統任期後，蔡英文政府依然在經濟全球化過程中步伐蹣跚，猶豫不決。台灣，究竟要依賴經濟即將要硬著陸的中國市場？還是要等待美國重返亞洲的虛幻經濟利益？不

---

44 劉光瑩，「專訪史迪格里茲：TPP 是跨國企業的遊戲，既不民主也不自由」，《天下雜誌》，2016 年 6 月 6 日，檢索於 2016 年 7 月 10 日，http://www.cw.com.tw/article/article.action?id=5076703。

禁懷疑，16 年後，佛里曼還會大聲疾呼要買進「台灣」這檔股票？

五　在地化抗爭：台灣的反全球化運動

作為全球化的一份子，台灣民間團體曾經站在全球化的對立面，勇敢地對抗過全球化。不過這些反全球化在地抗議運動，都在以加速外貿出口為前提下被犧牲。台灣的反全球化運動大多很零星且小規模。以反對加入 WTO 的抗爭為例，可以追溯到 1988 年 520 農民運動。南部農民北上台北市請願，擔憂農業開放可能導致農民權利受損，大批農民聚集於台北車站前的街道，準備前往中正紀念堂集結。520 農民運動首次提出全面農民保險、全面農眷保險、肥料自由買賣、增加稻米保證價格與收購面積、廢止農會總幹事遴選、廢止農田水利會會長遴選、成立農業部、農地自由買賣等七項要求。

在 520 下午即發生激烈衝突，衝突延續到次日凌晨。當憲兵隊展開驅離行動時，隔開警察與農民，在中間靜坐，要求和平解決的學生們，首當其衝，遭到憲警毆傷、逮捕。被驅散的群眾仍與警方發生零星的衝突，520 事件總計逮捕 130 多人，有 96 人被移送法辦。[45]這是解嚴後，台灣首次爆發的激烈抗爭運動，引起社會各界開始關注農民的困境。1989 年 7 月，政府全面實施農民保險，並逐步承諾肥料降價、稻穀價

---

[45] 總指揮林國華等 19 人以妨害公務罪被判有期徒刑一到三年不等，但對於政府檢調指控參與遊行的地方角頭及少數民眾在青菜底下藏石塊，才爆發當天民眾與警方的多次衝突的說法，隨後被由 11 名教授組成調查團，提出《520 事件調查報告書》予以反駁。

格提高、農地釋出等三項運動訴求。

2002 年 1 月 1 日台灣以台澎金馬關稅名稱，繼中國之後成為 WTO 第 144 個會員國。隨後在 2003 年到 2004 年期間，在台北地區出現 17 起爆裂物，在爆裂物上會放置「反對進口稻米」、「政府要照顧人民」等字條，要求政府重視 WTO 開放稻米進口之後的農民生計問題，因此被媒體稱為「白米炸彈客」或「稻米炸彈客」。一直到 2004 年 11 月 26 日才在楊儒門自首後破案。後續引起民主行動聯盟、勞動人權協會等社會運動團體關注，發起「聲援楊儒門」連署運動，認為楊儒門是為弱勢農民發聲，即使其行為並不為台灣社會體制所容許。楊儒門事件讓台灣政府以及社會大眾關注農業、農民、農村的問題。[46]經過聯署救援後，在 2007 年 6 月 21 日，楊儒門終於獲得特赦。

支持或反對自由貿易也經常被各政黨作為政治動員的工具。馬英九政府在 2010 年 6 月與中國簽訂海峽兩岸經濟合作架構協議（ECFA）時，同年 6 月 26 日民進黨就動員群眾去反對國民黨政府與中國簽屬 ECFA。馬英九總統聲稱 ECFA 對兩岸經貿有利，「不明白在野黨反對什麼？」但是，在野黨不斷表達對馬政府過度傾中和談判黑箱作業的憂

---

[46] 聲援楊儒門團體提出 3 點訴求：1.「白米炸彈」事件不應被視為單純的刑事案件，司法機構應衡情論理，對恐怖份子楊儒門的刑責做適度的減免。2.「白米炸彈」事件所揭示出來的農業問題，應受到執政當局的重視，並採取更積極的政策，挽救台灣的農業。3.農業兼具糧食安全、國防安全、生態安全、社會安全和文化安全等五大功能。台灣進入 WTO 國際貿易體系，不應以農業作為犧牲品，更不能成為政府放任國外農產品席捲台灣市場的藉口。政府在對外談判時，台灣的「糧食主權」應受到合理的捍衛。農民的生計活路，不能淪為國際強權夾縫下的祭品，更不容成為野蠻市場或買辦外交的賭注。「官逼農反，良心無罪──聲援楊儒門，搶救台灣農業聯署」，苦勞網，2004 年 12 月 17 日，檢索於 2016 年 7 月 10 日，http://www.coolloud.org.tw/node/61292。

心。民進黨發動 626 遊行，堅持人民作主公投、反對一中市場遊行、認為 ECFA 應交由人民公投決定。但是，如果馬政府不是跟中國簽署 ECFA，而是跟韓國、跟日本簽訂 FTA，在野黨會跳出來反對？對照 2016 年蔡英文總統就職宣示，將承諾持續信守馬政府與中國所簽署的各項經貿協議，民進黨為何要在當時動員群眾去反對 ECFA？其真正的目的不是在反對新自由主義經濟，而是反對馬政府過度傾向中國政府。

RCA 事件是首件跨國公司在台灣造成的土壤汙染及地下水汙染公害事件。RCA 曾經是美國家電第一品牌，生產電視機、映像管、錄放影機、音響等產品。1970 年至 1992 年期間，在臺灣設立子公司「臺灣美國無線電股份有限公司」（RCA Taiwan Limited），並在桃園、竹北、宜蘭等地設廠。1988 年，法國湯姆笙公司（Thomson Consumer Electronics, TCE）從奇異公司取得 RCA 桃園廠之產權。

1991 年，湯姆笙公司發現 RCA 桃園廠有機化學廢料排入廠區造成汙染。1992 年，湯姆笙將 RCA 桃園廠關廠。1998 年 7 月受害員工宣布籌組「RCA 汙染受害者自救會」，並打算對 RCA 提告求償；纏訟多年，直到 2015 年 4 月 17 日，台北地方法院一審宣判自救會勝訴，RCA、湯姆笙公司須賠償新臺幣 5 億 6,445 萬元，但本案仍可以上訴，賠償事宜是否預期，仍待後續觀察。

上述的社會運動都與反全球化的主流論述，例如：反 WTO 或農民運動，反自由貿易、反對跨國公司汙染有關。但隨著全球化與新自由主

義的蔓延，當今反全球化運動已經逐漸從反對資本主義，強調工人勞動
階級的運動，正在全世界以不同面貌或不同場域，特別是都市，在服務
業中消費的價值將取代生產的價值。大衛・哈威（David Harvey）認為
這主要是因為當代資本主義生產方式的轉變，從福特製造業轉向後福特
時代，讓無產階級的反抗方式跟隨改變。新一波的抗議，例如在西班牙
和希臘，或者占領運動，都具備「在地化抗爭」（localizing
resistance）的觀念，這些運動都圍繞著日常生活事宜進行組織，而非傳
統左派所關注的宏大的意識型態問題。[47]

　　服務業的無產階級將取代製造業的無產階級，結合網路化和去中心
化的反抗結構開始生成，反抗的中心場所也逐漸從工廠轉向生活空間。
類似社區委員會（neighborhood councils）[48]那樣的草根性的組織，將對
無產階級的日常生活進行組織產生連結，其中又以土地、住宅與生活空
見的連結最為密切。台灣社會近年掀起的士林王家反都更、苗栗大埔的
反拆遷、台南市鐵路東移反破遷的個案，都引發社會強烈的反彈。

　　至於工人階級發動抗爭的組織則是以同業公會（trade council）為
主體，去挑戰傳統的企業工會。這是因為同業公會是扎根在全部類似工

47　全世界有一多半人口都生活在城市，城市的日常生活就是他們困境的來源。這些困難既來自於價值生
　　產領域，也來自於價值實現的領域。詳見大衛哈威，《左派不再思考自己的理論與戰略就完了》，原
　　文見：https://roarmag.org/magazine/david-harvey-consolidating-power/，哈威訪談，孫大剩譯，破土，檢
　　索於 2016 年 7 月 10 日，http://groundbreaking.tw/wordpress/archives/1470。

48　葛蘭西早在其 1919 年的作品中有提到，除了在工作場所進行組織並且設立工廠委員會外，也應該有
　　社區委員會（neighborhood councils），因為社區委員會對整個工人階級的狀況有著更為深入的認識。
　　可惜葛蘭西從沒有真正發展這種思想，然後就直接地跳到說：「共產黨應該組織社區人民大會
　　（neighborhood assemblies）！」；同上註。

作性質的工人階級，而非工人階級中特權地位的那一部分。[49]在台灣，許多公司都成立了工會，但這些「偽」工會的目的是將勞工納入企業或政黨組織中。自 1929 年通過工會法，帶來的限制卻多於權益，例如禁止產業工會、禁止罷工等，工會法完全不是用來保障勞工，政府修訂各種與勞工相關的法令，主要目的也都是要讓勞動法規朝向去管制化，於是要監管工會的運作，而不是真正有心要幫助勞工[50]。2016 年華航空服員罷工事件，就是由華航企業工會的桃園三分會空服員（同業）公會所發動，透過合法罷工的過程來爭取空服員自身的權利。

占領運動（occupy movement）是近年來最常見的「在地化抗爭」型態。由都市、知識菁英或學生所發起，透過占領某一個地方，來表達運動的訴求。例如：抗議貪婪資本家與引起金融風暴的華爾街基金經理人所發起的「占領華爾街運動」；或表達對政府箝制民主、不履行真普選承諾的香港「占領中環運動」，或隨後引起的「雨傘革命」；或對國會黑箱通過服貿協定引爆「太陽花學生占領運動」；或是因生活經驗或壓力所激發出的不合作運動，例如洪仲秋命案，激起曾經在軍隊慘遭不當管教役男的經驗，與曾遭受不公平對待役男家屬的反抗，要求國防部揭開黑布，公開審判軍隊受虐命案，並透過網路串連所引爆的「白衫軍

49　同上註。
50　除對罷工規定相當嚴格外，還有一些很奇怪的規定，例如一個公司只能有一個「企業工會」，所以常常被資方先成立了「御用工會」。陳方隅，「菜市場政治學，工會的戰鬥力：為什麼南韓戰力高而台灣多是小綿羊？」，檢索於 2016 年 7 月 10 日，http://talk.ltn.com.tw/article/breakingnews/1752299。

運動」。[51]

六 全球化會帶來公平？！

希伯來人曾經建造一座幾乎直達天際的巴別塔，[52]希望能與上帝比美，於是上帝就教興建的工人學習自己的語言，沒多久各國工人因為語言與文化的隔閡，產生巨大的衝突，沒有繼續建造。巴別塔故事中象徵著人類的傲慢，並隱喻在多元文化背景下，人類無法抹滅的偏見與歧視。全球化真的是為全人類謀幸福？抑或者只是某些既得利益的國家所建構的假象。全球化真的會為社會帶來公平？或者又是另外一個強者越強、弱者越弱的情況。

北非突尼西亞的「茉莉花革命」，[53]衝擊到埃及、利比亞、葉門、敘利亞和巴林等國家，陸續出現大規模的抗議活動。這股革命浪潮，逼迫有些國家開始進行改革或政府改組，讓伊斯蘭社會發生巨大的改變。但是，2016 年《經濟學人》（The Economists）再一次比較這六個國

51　陳建甫，「年輕世代的中國印象：318 學運的迷失與隱喻」，在《以管窺龍：另類的中國想像》（台北市：翰蘆出版社，2016），頁 107-128。

52　也有翻譯成巴比倫塔、通天塔，希伯來文是「變亂」的意思。創世記第 11 章 1 至 9 節記載，人類當時有共同語言，並且一起居住在與幼發拉底河相距不遠的示拿之地。人們利用河谷的資源，在那裡建築城和塔，以聚集全體的人類及展示力量。上帝降臨視察，認為人類過於自信和團結，一旦完成計畫將能為所欲為，便決定變亂人們的口音和語言，並使他們分散各地。高塔於是停工，而該塔則被稱為巴別。

53　茉莉花革命（Révolution de jasmin）發生於 2010 年末至 2011 年初的北非突尼西亞反政府示威導致政權倒台的事件，因茉莉花是其國花而得名，隨後引發北非與其地區引發西方媒體所稱「阿拉伯之春」的阿拉伯世界的一次革命浪潮。

家，發現革命很暢快，但大多數的革命，卻只有破壞，沒有建設，除突尼希亞外，其他五個國家不是比以前更獨裁，就是墜入混亂的深淵。[54]

2016 年 6 月英國舉辦脫歐公投，英國公民院選票正式宣布脫離歐洲，無疑是對支持歐洲區域經濟整合勢力的反撲；同樣在台灣積極要加入 TPP，政府、企業與民眾是否已經準備好，要加入這高門檻的服務貿易組織；越來越多的研究質疑，全球化是否能帶來更多的收入、財富，地區所得分配是否更公平的問題；以及全球化後，伴隨而來的是越多的恐怖攻擊、更多的戰爭難民，以及幸福感怎麼離我們越來越遠。

負面的案例讓支持全球化運動者感到憂慮，難道全球化真的沒有帶來任何的好處？英國《金融時報》首席經濟評論員 馬丁・沃爾夫（Martin Wolf）曾經讚譽布蘭科・米拉諾維奇（Branko Milanovic）的《全球不平等：全球化時代的一種新方法》（*Global Inequality: A New Approach for the Age of Globalization*）是一本信息量大、涉及面廣、學術性強、富有想像力並且極其簡潔的書。這些經濟學家都從全球化與經濟發史中，嘗試著回答全球化是否減少不平等？

不像法國托馬斯・皮凱提（Thomas Piketty）在《廿一世紀資本論》（*Capital in the Twenty First Century*）只關注國家內部與財富的不

54　*The Economists*（經濟學人），Daily chart, The Arab spring, five years on，2016 年 1 月 11 日，檢索於 2016 年 7 月 10 日，http://www.economist.com/blogs/graphicdetail/2016/01/daily-chart-8。中譯稿詳見〈阿拉伯之春 5 年，6 國僅 1 國有快樂結局〉，黃維德編譯，《天下雜誌》，2016 年 2 月 2 日，檢索於 2016 年 7 月 10 日，http://www.cw.com.tw/article/article.action?id=5074310。

平等，米拉諾維奇更關心全球化與收入的不平等。不像安東尼・阿特金森（Anthony Atkinson）在《不平等：我們能做些什麼?》（*Inequality: What Can Be Done?*）[55]只關注英國問題，並企圖透過政策加以解決，米拉諾維奇與曾在世界銀行（World Bank)共事的弗朗索瓦・布吉尼翁（François Bourguignon）的《不平等的全球化》（*The Globalisation of Inequality*）則更偏重於歷史與政治的觀點。

米拉諾維奇提出「庫茲涅茨波浪」（Kuznets waves）的概念：[56]不平等程度會先上升，後下降，然後再上升，並且可能永不停止的如此波動。米蘭諾維奇分析了 19 世紀到 20 世紀 80 年代期的 150 年間的第一次「庫茲涅茨波」，以及 20 世紀 80 年代的第二次「庫茲涅茨波」，無一例外都是由科技進步、全球化和刺激創造財富的經濟政策而帶動的。[57]

Lakner 與 Milanovic（2014）發現，處於全球收入分布最底層的人群收入增幅相對較小。而全球中產階級的收入增幅則頗為可觀：1988 至 2008 年間，位於全球第 45 至第 65 百分位數（從低至高排列）之間

55　Atkinson, Anthony, *Inequality: What Can Be Done?* (Massachusetts: Harvard University Press, 2015)。

56　西蒙・庫茲涅茨（Simon Kuznets，1901-1985）諾貝爾獎得主經濟學家，提出過一個影響很大的假說，即經濟發展首先會導致一國內部的收入不平等加劇，隨後才會在很長一段時間裡使之逐漸下降。庫茲涅茨曲線（Kuznet curve）的假說已被一系列事實所否定。

57　安東尼・安尼特（Anthony Annett）批判這種解釋有過於簡單化之嫌。首先，把技術變革歸咎為是兩次科技革命引起的說法不準確。有人已經指出，自 18 世紀末以來至少發生了 4 至 6 次科技革命。書評：布蘭科・米拉諾維奇，《全球不平等：全球化時代的新模式》，詳見「贏家和輸家」，金融與發展，2016 年 3 月，檢索於 2016 年 7 月 10 日，https://www.imf.org/external/chinese/pubs/ft/fandd/2016/03/pdf/book1.pdf。

群體的實際收入增長了一倍。該群體中有很大一部分為中國人。但處於第 80 至第 95 百分位數之間的群體遭遇了實際收入停滯不前的困境。這部分人主要是高收入國家的中產階級（圖 1）。[58]在米拉諾維奇在 2016 年出版的《全球不平等》一書中，便將這張圖表數據從 2008 年更新至 2011 年。

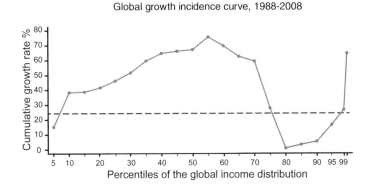

Global growth incidence curve, 1988-2008

圖1　全球百分位數收入累績成長率曲線

資料來源：Christoph Lakner, Branko Milanovic, 檢索於 2016 年 7 月 10 日，http:// voxeu.org/article/global-income-distribution-1988#.V15mr4ZDghw.facebook.

　　米拉諾維奇發現全球收入最高的前 1% 人群比收入緊隨其後的其他群體要好得多，其實際收入增長了約 40%。這個群體的範圍遠比高收入國家的收入前 1% 人群更廣：在美國收入排前 12% 的那部分人，以及英國收入前 5% 的群體，都屬於全球收入最高的那 1%。而全球收入

58　Christoph Lakner, Branko Milanovic, Global income distribution: From the fall of the Berlin Wall to the Great Recession, May 27, 2014, accessed July 10, 2016, http://voxeu.org/article/global-income-distribution-1988#. V15mr4ZDghw.facebook.

最高的前 1% 人群獲得了全世界約 29% 的收入，他們占有全世界約 46% 的財富：財富的不平等程度總是高於收入的不平等程度。[59]

在《全球不平等》一書中指出，全球化使世界範圍內的收入不平等下降，但使大多數國家內部，尤其是高收入國家內部的不平等加劇。令人憂慮的是，當內部不平等不斷加劇時，很難和任何真正的民主制度共同存在。從歷史脈絡觀察，勞動力需求的增長、教育水準的提高以及福利國家制度的建立，都是促使不平等下降的（良性）原因，當然，戰爭和經濟蕭條則是終結這不平等的（惡性）因素。

全球化、科技進步、越倚重金融，以及贏家通吃的市場等各項推升經濟的力量，幾乎讓所有高收入國家的不平等逐漸加劇，富豪政治（Plutocracy）強化了不平等的趨勢。在美國，政客會習慣性地忽略中低收入群眾的訴求。相較之下，在中國，隨著勞動力增長的放緩，實際工資開始強勁上漲，更重要的是來自下面的政治壓力以及轉向消費拉動型的經濟，或許會迫使中國政府將收入分配向中層和底層民眾傾斜。[60]

米拉諾維奇提出在「高度全球化」時代，贏家是亞洲新興經濟體的中產階級以及全球的超級富豪們，而最大的輸家則是已開發經濟體中的中產階級。2016 年美國總統選舉，川普能夠勝出部份得歸功在選前幾個重要搖擺州擊敗希拉蕊。分析選民結構會發現，川普抓緊了鐵鏽帶

---

59 馬丁‧沃爾夫（Martin Wolf），「全球化是否減少了不平等？」，FT 中文網，2016 年 5 月 18 日，檢索於 2016 年 7 月 10 日，http://big5.ftchinese.com/story/001067594?full=y。

60 同上註。

（Rust Belt）藍領白人的受害、排外心態，包括賓夕法尼亞州、維吉尼亞州西部、俄亥俄州、印第安納州、密西根州下端、伊利諾州北端、愛荷華州東部以及威斯康辛州南部。

這些鐵鏽帶州內，有數百萬藍領工人在工廠周遭定居，應運廠區生活的社群文化表面上是蓬勃有力，但是內部卻非常脆弱：一旦工廠關閉，這些人就被困在原地，整座城鎮也無法再提供這麼多人高品質的工作機會。那些有能力的人，通常都是受過良好教育、家境富裕或人脈廣泛，會選擇離開。留在原地者會成為「真正的弱勢」，這些人無法找到好工作，身邊的人都缺乏人脈，也無法提供足夠的社會支持。

當民主黨長期鼓吹經濟全球化時，美國企業為了降低成本，紛紛把工廠外移，飽受經濟衰退衝擊的鐵鏽帶藍領白人，面臨到失業與貧窮問題。如今這些內城裡的真正弱勢者，不再只有1990年威廉‧朱里亞斯‧威爾森（William Julius Wilson）《真正的弱勢》（The Truly Disadvantaged）書裡面所描述住在市中心貧民區的黑人而已，越來越多的白人藍領階級，也開始憂慮自己將成為全球化下《真正的弱勢》。

儘管全球化無法避免已開發國家內部的不平等呈上升態勢，但國與國之間的不平等卻下降了，因此並沒有全球化會使全球不平等上升的實質證據。如果說全球化正在使世界變得更加平等，讓大多數國家內部，特別是高收入國家，不平等程度更加劇時，是否應將全球化看成一種有益全球發展的趨勢？

問題與討論

一、請運用蝴蝶效應（butterfly effect）的思考方式，討論英國脫離
　　歐盟後，會對歐盟產生何種衝擊？又會對台灣的經濟、匯率、
　　產業或其他，產生何種影響？

二、台灣外銷出口貿易連續出現黑字，是什麼原因所造成？如果加入
　　RCEP 或 TPP 等區域經濟貿易組織都無法解決，那麼台灣政府與
　　外貿企業究竟要如何因應？

三、何謂「在地化抗爭」（localizing resistance）？除了本章所舉的
　　相關案例外，請問還有哪些不同形式的在地化抗爭？它們訴求
　　的目標與抗議的對象有何不同？抗爭後，是否有解決問題？如
　　果沒有解決，究竟問題出在哪裡？接下來要怎麼辦？

國家圖書館出版品預行編目資料

全球化的挑戰與發展／鄭欽模等作；王高成，卓忠宏主編.--
一版.-- 新北市：淡大出版中心，2018.03
　面；　公分.--（通識叢書；AA004）
ISBN 978-986-5608-84-2（平裝）

1.全球化 2.國際經濟關係
　552.1　　　　　　　　　107000844

通識叢書 AA004　　　　　　　　　ISBN 978-986-5608-84-2

全球化的挑戰與發展

主　　編　　王高成、卓忠宏
作　　者　　鄭欽模、翁明賢、李志強、蔡錫勳、林立、陳建甫、崔琳、
　　　　　　黃富娟、苑倚曼
主　　任　　歐陽崇榮
總 編 輯　　吳秋霞
行政編輯　　張瑜倫
行銷企畫　　陳卉綺
內文排版　　菩薩蠻數位文化有限公司
封面設計　　阿作
印 刷 廠　　中茂分色製版印刷事業(股)公司

發 行 人　　葛煥昭
出 版 者　　淡江大學出版中心
　　　　　　地址：25137 新北市淡水區英專路151號
　　　　　　電話：02-86318661　傳真：02-86318660
出版日期　　2019年3月 一版二刷
定　　價　　480元

總 經 銷　　紅螞蟻圖書有限公司
展 售 處　　淡江大學出版中心
　　　　　　地址：新北市淡水區英專路151號海博館1樓